서강한국어

THIRD EDITION

STUDENT'S BOOK

1B

머리말

1990년에 개원한 서강대학교 한국어교육원은 한국어 교육 최초로 의사소통 중심의 교육과정을 개발하였습니다. 2000년에 <서강한국어>를 출판하여 학생 중심의 말하기 수업을 선도하였고, 2008년부터 2015년까지 <서강한국어 뉴시리즈>로 개정하여 많은 사랑을 받아 왔습니다.

<서강한국어 개정 3판>은 서강대학교 한국어교육원 선생님들이 오랜 기간 수업 현장에서 쌓은 노하우를 바탕으로 언어와 문화를 효율적으로 배우고 익힐 수 있도록 설계하였습니다. 변화하는 시대에 맞춰 최신 경향을 반영하였으며, 서강을 아껴 주시는 여러 분들의 조언을 받아들여 교수자와 학습자 모두의 편의성을 강화하였습니다.

<서강한국어 개정 3판>은 1급의 정규 과정이 200시간으로 구성되어 있는 점을 고려하여 말하기 100시간, 읽고 말하기 25시간, 듣고 말하기 25시간, 쓰기 50시간으로 편성하였습니다.

<서강한국어 개정 3판>에서는 기존의 <서강한국어 Student's Book 1A·1B>와 <서강한국어 Workbook 1A·1B>를 개정하면서 <서강한국어 한글>과 <서강한국어 Writing Book 1A·1B>를 새로 출간하였습니다. <서강한국어>를 사용하시는 선생님들께서 쓰기 책 출판을 지속적으로 요청하셔서 오랫동안 서강대학교 한국어교육원에서 내부 교재로 사용하던 쓰기 교재를 정리하고 추가 집필하였습니다.

<서강한국어 Student's Book>의 모든 내용은 그림을 보면 직관적으로 맥락을 파악할 수 있도록 하였습니다. 아울러 어휘와 문법 학습은 대화와 활동을 통해 유창성과 정확성을 키울 수 있게 하였습니다.

QR코드를 스캔하면 대화문 녹음 파일이 연결되도록 하였고 다양하고 재미있는 서강 고유의 대화 활동을 부록에 실었습니다. 단어와 표현은 주어진 맥락에서의 의미를 번역하여 별책 <문법·단어 참고서>에 담았습니다.

문화 영역은 사진이나 삽화만으로도 이해할 수 있게 구성하였으며, 한글 학습과 한국 문화 관련 쇼츠 동영상을 QR코드로 유튜브에 연결하여 한국 실생활의 이해를 돕습니다.

<서강한국어 개정 3판>이 한국 문화에 관심을 가지고 한국어 공부에 도전하는 한국어 학습자와 효율적인 수업을 준비하는 교수자에게 유용한 교재가 되기를 바랍니다.

이 책이 나오기까지 많은 분들의 노고가 있었습니다. 먼저 이번 시리즈의 출판에 지원과 격려를 해주신 곽상흔 교수부장님께 깊이 감사드립니다. 1급 교재의 연구 개발을 총괄한 이석란 선생님을 비롯하여 집필진이신 최연재, 구은미, 윤자경 선생님, 연구 보조를 해주신 홍고은, 이진주 선생님께 진심으로 감사의 말씀을 드립니다. 또 내부 감수를 수행해주신 김정아, 엄혜진 선생님과 교정·교열을 맡아주신 최선영 선생님께 감사드립니다. 또한 외부 자문을 맡아주신 전남대학교 국어국문학과 백승주 교수님, 네덜란드 Leiden대학교 한국학과 남애리 교수님께 감사를 전합니다. 그리고 영어 번역을 맡아주신 David Carruth 선생님과 영어 자문을 맡아주신 미국 Middlebury대학교의 강사희 교수님께 감사드립니다. 또 이 책을 위해 소중한 의견을 주신 서강대학교 한국어교육원의 모든 구성원들에게 감사드립니다. 또한, 아낌없이 지원해주신 하우출판사 박민우 사장님, 완성도 있는 책을 만들기 위해 열의를 다해주신 박우진 편집주간님, 김정아 팀장님을 비롯한 하우출판사 직원분들과 삽화가님들께도 감사를 표합니다.

더불어 국내외에서 <서강한국어>를 사용하면서 새 개정판 교재에 대한 의견들을 보내주셨던 한국어 선생님들과 서강대학교 한국어교육원 학생들께도 감사드립니다.

서강교수법의 밑거름이 된 <서강한국어> 초판과 뉴시리즈를 기획, 총괄하신
고(故) 김성희 선생님께 이 책을 바칩니다.

2024년 8월
서강대학교 한국어교육원 원장
조형식

Introduction

Established in 1990, the Sogang University Korean Language Education Center (KLEC) developed the first communication-oriented curriculum in the field of Korean language education. The KLEC pioneered student-oriented speaking classes with the publication of the first edition of the Sogang Korean series of textbooks in 2000 and garnered even more attention with the second edition (known as the new series), which was published between 2008 and 2015.

This revised third edition of Sogang Korean is designed so that students can efficiently learn Korean language and culture through the expertise KLEC teachers have acquired through years in the classroom. It reflects the latest pedagogical techniques tailored to a changing world and incorporates advice from devoted supporters of Sogang, making the textbooks more convenient both for teachers and learners.

The regular level-one curriculum of Sogang Korean in its revised third edition is supposed to cover 200 hours, which includes 100 hours for speaking, 25 hours for reading and speaking, 25 hours for listening and speaking, and 50 hours for writing.

The third edition of Sogang Korean includes not only revised versions of *Sogang Korean Student's Book 1A & 1B* and *Sogang Korean Workbook 1A & 1B* but also a new text called *Sogang Korean Writing Book 1A & 1B*. Teachers using Sogang Korean have continued to request a writing textbook, so we collected and augmented unpublished materials previously used by KLEC teachers for this book.

All the information in the Student's Book is presented so that learners can understand the context intuitively through the provided illustrations. In addition, the vocabulary and grammar sections are designed to promote fluency and accuracy through dialogues and activities.

Recordings of the dialogues can be played by scanning the QR code, and a variety of Sogang's signature dialogue activities are included in the appendix. Contextual translations of words and expressions are provided in a separate grammar and vocabulary handbook.

Cultural content is presented so that it can be understood through photographs and illustrations alone, and YouTube shorts related to learning Hangeul and Korean culture are made available via QR code to aid learners' understanding of life in Korea.

I hope that the revised third edition of Sogang Korean will be useful both for cultural engaged students tackling the Korean language and teachers seeking a more efficient way to prepare their classes.

This book was made possible through the tireless efforts of many individuals. First of all, I would like to thank Kwak Sang-heun, our head teacher, for her tireless support and encouragement for this series. I want to express my sincere gratitude to Lee Seok-ran, the senior researcher for our level-one learning material, and our writers Choe Yeon-jae, Koo Eun-mi, and Yun Ja-Kyung. Words of appreciation are also due to research assistants Hong Go-eun and Lee Jin-ju, internal editors Kim Jeong-a and Eom Hye-jin, proofreader Choi Sunyoung, outside counsels Baek Seung-joo (professor of Korean language and literature at Chonnam National University) and Ae Ree Nam (lecturer in Korean studies at Leiden University), Korean-English translator David Carruth, and English proofreader Sahie Kang (professor at Middlebury College). I am also thankful to everyone at the KLEC who offered their invaluable thoughts about the project. I cannot forget to thank our illustrators and all the staff at Hawoo Publishing, including team leader Kim Jeong-a, as well as editor-in-chief Park Woo-jin for dedicating himself to making such a polished product and president Park Min-woo for his unflagging support.

Last but not least, I want to thank all the Korean language teachers and Sogang students who shared your thoughts on the revised second edition (known as the new series) of Sogang Korean.

This book is dedicated to the memory of the late Kim Song-hee, who helped plan and supervise the first and second editions of the Sogang Korean series, laying the foundation for Sogang's unique pedagogical approach.

August 2024
Cho Hyeong-sik, director
Sogang University Korean Language Education Center

내용 구성표

과제	읽고 말하기	듣고 말하기	문화
고향을 소개하세요	서울 생활이 아주 마음에 들어요	지금 부동산에 가야 해요	
마음에 드는 물건을 사세요	남대문 시장은 큰 시장이에요	깨끗한 방을 찾아요	1. 한강 공원
약속을 정하세요	친구들하고 월드컵 공원에 갔어요	우리 같이 축제에 갈까요?	
인터뷰하세요	할머니는 방에서 주무세요	지난주에 왜 학교에 안 오셨어요?	2. 병원과 약국
취미 활동에 대해서 이야기하세요	영어를 아주 잘합니다 통형-ㅂ/습니다	요즘 테니스를 배워요	
좋아하는 것에 대해서 이야기하세요	토끼와 거북	지갑을 찾고 있어요	3. 여가 생활
경험에 대해서 이야기하세요	불고기를 만들었습니다	제가 구워 드릴게요	
이야기를 만들어 보세요	이제 한국어로 이야기할 수 있어요	월요일에 공항에서 만나요	4. 한국 음식

말하고 쓰기	
과제1	과제2
이메일 쓰기	고향 소개 쓰기
서울 소개 쓰기	살고 싶은 집에 대해 쓰기
약속 정하는 대화 쓰기	놀러 간 경험에 대해 쓰기
가족의 주말 이야기 쓰기	처음 만난 사람과 나눈 대화 쓰기
격식체 쓰기 통형-ㅂ/습니다	취미에 대해 쓰기
비교하는 글 쓰기	교실 묘사하는 글 쓰기
요리법 쓰기	경험 쓰기
계획 쓰기	이번 학기에 대해 쓰기

Table of Contents

TASK	READING & SPEAKING	LISTENING & SPEAKING	CULTURE CORNER	SPEAKING & WRITING	
				TASK1	TASK2
Introduce your hometown	I really like life in Seoul	I have to visit a real estate agent right now		Write an email	Write an introduction to your hometown
Buy an item you like	Namdaemun market is a big market	I'm looking for a clean room	1. Han River Park	Write an introduction to Seoul	Write about the house you want to live in
Make plans	He went to World Cup Park with his friends	How about going to the festival together?		Write a conversation about making plans	Write about going to hang out somewhere
Do an interview	Grandmother is sleeping in her room	Why didn't you come to school last week?	2. Hospitals and Pharmacies	Write about your family's weekend	Write a conversation with someone you just met
Talk about your hobbies	I'm very good at English 통형-ㅂ/습니다	I'm learning tennis these days		Write in the formal style 통형-ㅂ/습니다	Write about your hobbies
Talk about the things you like	The Tortoise and the Hare	I'm looking for my wallet	3. Leisure Activities	Write a comparative piece	Write a description of your classroom
Share an experience	She made bulgogi	Let me grill it for you		Write a recipe	Write about an experience
Make up a story	Now I can speak in Korean	See you at the airport on Monday	4. Korean Food	Write a plan	Write your impressions of this semester

How to Use This Book

Sogang Korean Student's Book 1A & 1B (Third Edition) is organized as follows.

- Sogang Korean Student's Book 1A & 1B contains speaking, reading, and listening components.
- Sogang Korean Workbook 1A & 1B supplements the Student's Book with activities and review exercises.
- Sogang Korean Writing Book 1A & 1B focuses on writing, with speaking activities that lead into the writing exercises.
- Sogang Korean Hangeul covers Hangeul, the Korean writing system.
- Sogang Korean Grammar and Vocabulary Handbook 1A & 1B includes explanations of grammar, translations of vocabulary and expressions, and an index. (This textbook series is published in English, Chinese, Japanese, and Thai.)

This textbook series is organized around the following five-day schedule (assuming four hours of class each day, for a total of 200 hours per semester).

	Day 1	Day 2	Day 3	Day 4	Day 5
Period 1	**Unit 1** Speaking (Grammar·Vocabulary)	**Unit 1** Speaking (Dialogue 2·3)	**Unit 2** Speaking (Grammar·Vocabulary)	**Unit 2** Speaking (Dialogue 2·3)	Units 1-2: Review **Workbook**
Period 2	**Unit 1** Speaking (Dialogue 1)	**Unit 1** Speaking (Learning Tasks)	**Unit 2** Speaking (Dialogue 1)	**Unit 2** Speaking (Learning Tasks)	Units 1-2: Review **Workbook**
Period 3	**Unit 1** Reading	**Unit 1** Listening	**Unit 2** Reading	**Unit 2** Listening	Units 1-2: Review **Workbook**
Period 4	**Unit 1** Writing Book 1-①	**Unit 1** Writing Book 1-②	**Unit 2** Writing Book 2-①	**Unit 2** Writing Book 2-②	Units 1-2: Review **Writing Book**

Unit Intro

Class Goals

Titles and descriptions of the unit's speaking (grammar, dialogue, learning tasks), reading and speaking, and listening and speaking sections are provided here, along with the pages of related units in the separate writing book.

Vocabulary

The target vocabulary in the unit is presented in an easily understood fashion along with illustrations.

Grammar

Target grammar is arranged so that it can be practiced in three steps: form, sentences, and dialogue.

MP3 QR Code

Scan the QR code to access a recording of the dialogue.

Dialogue

In this step, learners practice speaking through sample dialogues that make use of the target grammar and vocabulary.

Dialogue Cues

These help learners make dialogues that are similar to the example. As they practice, learners can switch out the underlined phrases with words from the list of the same color.

Dialogue Activities

This stage allows learners to freely build on the dialogue they learned. (Details are in the appendix.)

Learning Tasks

At this stage, learners use the target vocabulary, grammar, and dialogue they have already covered in a learning task that encourages fluent language use. An info card is provided in the appendix or via a QR code depending on the unit.

Reading and Speaking

Reading

1) Reading Focus

The specific reading goal is presented here. This is what learners are supposed to understand in the reading.

Before Reading

1) Warm-up

Related questions are presented to kindle interest in the topic.

2) Presentation

This presents the key vocabulary and background knowledge needed for reading comprehension.

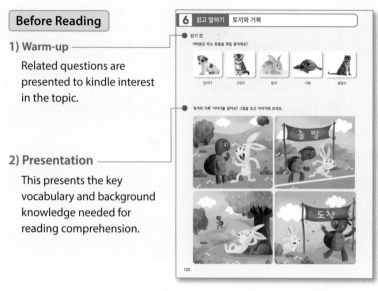

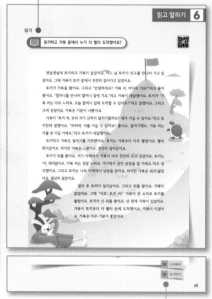

Pronunciation

Common pronunciation issues are listed here.

5) Reconstruct Reading

Learners practice reconstructing the reading, improving their ability to summarize aloud what they have read.

2) Intermediate Stage

This helps learners understand the reading.

3) Check Comprehension

Learners check the details of the reading by asking each other questions about what they understood.

4) Complete Summary

Learners complete the summary of the reading in a final comprehension check.

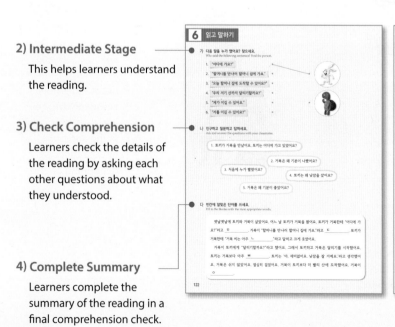

After Reading

Learners do various activities related to the reading topic.

Listening and Speaking

Before Listening

1) Warm-up

Related questions are presented to kindle interest in the topic.

2) Presentation

This presents the key vocabulary and background knowledge needed for listening comprehension.

Listening

1) Listening Focus

The specific listening goal is presented here. This is what learners are supposed to understand in the recording.

MP3 QR Code

The QR code with a ▶ plays at normal speed, and the QR code with a ▶▶ plays at a faster speed.

After Listening

Learners do various activities related to the listening topic.

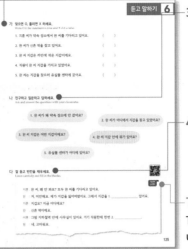

2) Intermediate Stage

This helps learners understand the recording.

3) Check Comprehension

Learners check the details of the recording by asking each other questions about what they understood.

4) Fill in the Blanks

This practice is designed to improve listening accuracy.

Tie-in with Workbook

This fill-in the-blank activity uses the full listening script on the relevant page in the Workbook.

5) Read Script

Learners practice reading the full script provided in the appendix of the Student's Book. This practice will help them read more naturally and accurately.

6) Listen and Repeat

Learners practice precise enunciation by listening and repeating to useful expressions and tricky pronunciations and intonations from the recording.

7) Read Summary

While reading a summary of the recording, students learn how to reconstruct stories and practice breaking up long sentences as they read.

Unit Wrap-up

This page contains a summary of the target grammar and vocabulary to help learners review.

Check

After studying the unit, learners can assess whether they have achieved the learning goals.

- ● noun
- ■ verb
- ▲ adjective
- ◆ other
- □ expression

Culture Corner

These sections introduce both novel and routine aspects of Korean culture. A brief article about the culture in question is accompanied by various informative graphics.

Information Provided Via QR Code

Scan the QR code to access cultural information (including websites, photographs, and videos).

QR Code for Translation of Culture Articles

The Korean version of the culture article is also provided in English, Chinese, Japanese, and Thai.

Dialogue Activities in Appendix (for Teachers)

A variety of enjoyable dialogue activities currently in use at Sogang are featured in the appendix.

Activity Cards

Sample handouts for use with dialogue activities are provided with sample dialog

Icon Explanation

 Pair activity

 Small group activity

 Whole class activity

 Teacher's warm-up question

 Role play activity

 Game

 Reading focus question

 Listening focus question

 Dialogue, reading, and listening MP3 link

 YouTube video link

 Culture article translation link (English, Chinese, Japanese, and Thai)

 Culture information link (websites, photographs, activity materials)

 Info card link

 Easily confused irregular word

Extra info

Pronunciation

➡ p.193 See page in Student's Book

 See page in Workbook

 See page in Writing Book

목차 Contents

1

한강 공원이
아주 넓었어요

장소 소개하기

잠깐 이야기할 수 있어요?

네, 이야기할 수 있어요.

잠깐 이야기할 수 있어요?

미안해요, 지금은 이야기할 수 없어요.

친구하고 말해 보세요.
Discuss with your classmates.

책을 빌릴 수 있어요.

여기에서 자전거를 탈 수 없어요.

❶ 책을 빌리다

❷ 여기에서 자전거를 타다(X)

❸ 강아지하고 같이 들어가다

❹ 일주일 동안 걷다✪(X)

❺ 사진을 찍다

❻ 같이 놀다✪(X)

친구하고 묻고 대답해 보세요.
Ask and answer the questions with your classmates.

수업 후에 같이 한국어 연습할 수 있어요?

네, 연습할 수 있어요.

아니요, 연습할 수 없어요.

수업 후에 같이 한국어 연습할 수 있어요?

아침에 일찍 일어날 수 있어요?

친구들 앞에서 춤을 출 수 있어요?

일요일에 같이 점심을 먹을 수 있어요?

수업 시간에 음악을 들을 수 있어요?

주말에 같이 놀 수 있어요?

 친구하고 말해 보세요.
Discuss with your classmates.

말하기를 연습해야 해요.

❶
말하기를 연습하다

❷
돈을 찾다

❸
일찍 일어나다

❹
식사 후에 약을 먹다

❺
30분쯤 기다리다

❻
방이 크다✪

 친구하고 묻고 대답해 보세요.
Ask and answer the questions with your classmates.

 한국 문화를 알고 싶어요.
어떻게 해야 해요?

박물관에 가야 해요.

책을 읽어야 해요.

역사 드라마를 봐야 해요.

한국 문화를 알고 싶어요.

한국어 발음을 잘하고 싶어요.

옷을 사고 싶어요.

한국 회사에서 일하고 싶어요.

친구가 기분이 안 좋아요.

다리가 아파요.

19

한라산이 어때요?

한라산이 높아요.

산이 높아요

산이 낮아요

사람이 많아요

사람이 적어요

방이 커요

방이 작아요

가방이 싸요

가방이 비싸요

날씨가 더워요

날씨가 추워요

음식이 맛있어요

음식이 맛없어요

친구하고 묻고 대답해 보세요.
Ask and answer the questions with your classmates.

산이 높아요?

네, 산이 높아요.

 친구하고 말해 보세요.
Discuss with your classmates.

가방이 비싸요.

①
가방이 비싸다

② 사람이 적다

③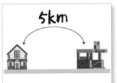
지하철역이 멀다

④ 음식이 맛있다

⑤
날씨가 덥다✪

⑥ 지하철역이 가깝다✪

 친구하고 묻고 대답해 보세요.
Ask and answer the questions with your classmates.

 뭐가 비싸요?

커피가 비싸요.

커피가 비싸요. 과일이 비싸요.

커피가 비싸요. 과일이 비싸요.
비행기표가 비싸요.

비싸다	많다	크다
높다	싸다	맛있다

21

친구에게 토요일에 같이 한강 공원에 갈 수 있는지 묻고 싶을 때 어떻게 말해요?
How do you ask someone whether they can go to a concert at the Han River Park with you on Saturday?

같이 갈 수 있어요?

앤디　토요일에 미나 씨하고 한강 공원에 갈 거예요.

　　　같이 갈 수 있어요?

O

사라　네, 좋아요. 같이 가요.

X

바야르　미안해요. 토요일에 다른 약속이 있어요.
앤디　알겠어요. 다음에 같이 가요.

 다음을 이용해서 대화를 만들어 보세요.
Make a dialogue with the information below.

한강 공원에 가다
영화를 보다
중국 음식을 먹다
등산하러 가다

다른 약속이 있다
이사하다
친구 생일 파티에 가다
아르바이트하다

 반 친구들하고 자유롭게 이야기해 보세요. ➡ p.194
Discuss freely with your classmates.

해야 하는 일이 있을 때 어떻게 말해요?
How do you tell someone when there is something you have to do?

어제 왜 안 왔어요?

사라	한스 씨, 어제 왜 한강 공원에 안 왔어요?
한스	일이 너무 많았어요.
사라	정말요? 요즘 바빠요?
한스	네, 프로젝트가 있어요. 그래서 서류를 만들어야 해요.

다음을 이용해서 대화를 만들어 보세요.
Make a dialogue with the information below.

프로젝트가 있다	서류를 만들다
매일 아침 회의가 있다	일찍 회사에 가다
도쿄에 출장을 가다	출장을 준비하다
독일에서 손님이 오다	서울을 안내하다

반 친구들하고 자유롭게 이야기해 보세요. ➡ p.194

➡ p.194

Discuss freely with your classmates.

친구가 다녀온 관광지 사진을 보고 그곳이 어땠는지 묻고 싶을 때 어떻게 말해요?
After looking through the photographs taken by someone who visited a tourist destination, how do you ask them what the destination was like?

한강 공원이 어땠어요?

완   여기가 어디예요?

투안   한강 공원이에요. 지난주에 한강 공원에서 자전거를 탔어요.

완   한강 공원요? 한강 공원이 어땠어요?

투안   공원이 아주 넓었어요.

완   그래요? 저도 한번 가고 싶어요.

 다음을 이용해서 대화를 만들어 보세요.
Make a dialogue with the information below.

공원이 아주 넓다

경치가 좋다

바람이 시원하다

푸드 트럭이 많다

 반 친구들하고 자유롭게 이야기해 보세요. ➡ p.194
Discuss freely with your classmates.

준비

여러분의 고향 사진을 준비하세요.

활동

친구하고 같이 고향 사진을 보면서 이야기하세요.
고향이 어디인지, 날씨가 어떤지, 고향에서 뭐 할 수 있는지 물어보세요.

고향이 어디예요?

하노이요? 거기 날씨가 어때요?

음식이 어때요?

하노이에서 뭐 할 수 있어요?

한국에서 얼마나 걸려요?

베트남 하노이예요.

10월부터 4월까지 날씨가 좋아요.
그래서 그때 여행 가야 해요.

정리

친구들 고향 중에서 가 보고 싶은 곳이 있어요? 왜요?

읽기 전

고향 친구하고 자주 연락해요? 어떻게 연락해요?

☐ 전화   ☐ SNS   ☐ 영상 통화   ☐ 이메일

가브리엘 씨는 브라질에서 회사에 다녔어요. 그때 한국인 동료 정민 씨를 만났어요. 가브리엘 씨가 정민 씨한테서 이메일을 받았어요.

New message ─ □ ✕

To   gabrielgogogo@amail.com

Subject   안녕하세요? 이정민이에요.

가브리엘 씨

안녕하세요? 잘 지내요? 요즘 상파울루는 아주 더워요.

서울 생활이 마음에 들어요?

새 친구들을 많이 만났어요?

한국어 공부가 어때요?

집은 어때요? 편해요?

            …

건강 조심하세요.

이정민 드림

읽기

 가브리엘 씨는 서울 생활이 마음에 들어요?

New message — □ ✕

← → ↻   ☆ ↓ ≡

To   jmlee@amail.com

Subject 안녕하세요? 가브리엘이에요.

정민 씨, 안녕하세요?

저는 서울에서 잘 지내요. 서울 생활이 아주 마음에 들어요. 새 친구들을 많이 만났어요. 한국 친구들이 모두 친절해요. 한국어 공부가 재미있어요. 하지만 좀 어려워요. 그래서 매일 복습해야 해요.

정민 씨는 브라질 생활이 어때요? 요즘도 축구를 해요? 저는 시간이 없어요. 그래서 축구를 할 수 없어요. 하지만 지난달에 학교에서 태권도를 배웠어요. 태권도가 아주 재미있었어요.

이번 학기가 한 달 후에 끝나요. 방학 때 새 집을 찾아야 해요. 왜냐하면 지금 집이 좀 불편해요. 방이 너무 작아요. 부엌도 없어요. 그래서 요리할 수 없어요. 그리고 집이 학교에서 멀어요. 지하철로 한 시간쯤 걸려요.

정민 씨, 한국에 언제 올 거예요? 정민 씨하고 한국어로 이야기하고 싶어요. 그리고 정민 씨하고 같이 축구도 하고 싶어요.

메일 고마워요.

건강 조심하세요.

가브리엘 드림

▼ | A �7 ✎ 🖼 ♀ 🗑   Send

1 읽고 말하기

가 맞는 것에 ✔ 하세요.
Add appropriate markers where / is to make natural sentences. Then say them aloud.

한국 친구들	✔ 친절해요	☐ 불친절해요
한국어 공부	☐ 쉬워요	☐ 어려워요
태권도	☐ 재미있어요	☐ 재미없어요
집	☐ 편해요	☐ 불편해요
방	☐ 커요	☐ 작아요

나 친구하고 질문하고 답하세요.
Ask and answer the questions with your classmates.

1. 누가 누구한테 이메일을 썼어요?

2. 가브리엘 씨는 서울 생활이 어때요?

3. 가브리엘 씨는 요즘 왜 축구할 수 없어요?

4. 가브리엘 씨는 방학 때 뭐 해야 해요? 왜요?

5. 가브리엘 씨는 정민 씨하고 뭐 하고 싶어요?

다 빈칸에 알맞은 단어를 쓰세요.
Fill in the blanks with the most appropriate words.

가브리엘 씨는 서울 생활이 마음에 ㄷ_____. 새 친구들을 많이 만났어요. 친구들이 모두

ㅊ_____. 한국어 공부도 ㅈ_____. 하지만 좀 어려워요. 지금 집이 ㅂ_____. 왜

냐하면 방이 작아요. 그리고 학교에서 멀어요. 그래서 방학 때 새 집을 ㅊ_____ 해요. 가브리

엘 씨는 정민 씨하고 한국어로 이야기하고 싶어요. 그리고 같이 축구도 하고 싶어요.

라 다음 단어를 연결해서 말해 보세요.
Add appropriate markers where / is to make natural sentences. Then say them aloud.

1. 한국어 공부 / 재미있어요.
   하지만 좀 어려워요.
   그래서 매일 복습해야 해요.

> 한국어 공부가 재미있어요.
> 하지만 좀 어려워요.
> 그래서 매일 복습해야 해요.

2. 저 / 시간 / 없어요.
   그래서 축구 / 할 수 없어요.
   하지만 지난달 / 학교 / 태권도 / 배웠어요.

3. 이번 학기 / 한 달 후 / 끝나요.
   방학 때 새 집 / 찾아야 해요.
   왜냐하면 지금 집 / 불편해요.
   방 / 너무 작아요.
   그리고 학교 / 멀어요.

4. 정민 씨 / 한국어 / 이야기하고 싶어요.
   그리고 정민 씨 / 축구 / 하고 싶어요.

읽기 후

 여러분은 한국 생활이 마음에 들어요? 뭐가 좋아요? 뭐가 안 좋아요? 한국 생활에 대해 이야기해 보세요.
Do you enjoy life in Korea? What do you like about it? What do you not like about it? Discuss with your classmates.

> 새 친구를 많이 만났어요?

> 한국어 공부가 어때요?

> 집이 어때요?

듣기 전

집이 마음에 안 들어요. 그래서 이사하고 싶어요. 그럼 어떻게 해요?

☐ 친구한테 물어봐요.

☐ 부동산에 가요.

☐ 인터넷으로 찾아봐요.

☐ 앱으로 찾아봐요.

듣기

가브리엘 씨는 집이 학교에서 멀어요. 그래서 이사하고 싶어요.

🎧 학교 앞이 어때요? 뭐가 좋아요?

가 맞으면 O, 틀리면 X 하세요.
Write O if the statement is true and X if it is false.

1. 가브리엘 씨는 오늘 바야르 씨하고 식사할 수 없어요.   (   )

2. 가브리엘 씨는 잠실로 이사하고 싶어요.   (   )

3. 가브리엘 씨는 학교에서 집까지 한 번에 갈 수 없어요.   (   )

4. 바야르 씨 집이 학교에서 아주 멀어요.   (   )

5. 학교 근처에 병원하고 마트가 있어요.   (   )

나 친구하고 질문하고 답하세요.
Ask and answer the questions with your classmates.

1. 가브리엘 씨가 지금 어디에 가야 해요?

2. 가브리엘 씨는 왜 이사하고 싶어요?

3. 가브리엘 씨는 집에 어떻게 가요?

4. 바야르 씨는 어디에 살아요? 거기가 어때요?

5. 집에서 학교가 가까워요. 그럼 뭐가 좋아요?

다 잘 듣고 빈칸을 채우세요.
Listen carefully and fill in the blanks.

워크북
p.22

바야르   : 가브리엘 씨, 오늘 같이 식사할 수 있어요?

가브리엘 : 미안해요. 지금 부동산에 1. _____ 해요.

바야르   : 부동산에요? 왜요?

가브리엘 : 지금 집이 학교에서 좀 2. _____. 그래서 이사하고 싶어요.

바야르   : 가브리엘 씨 집이 어디예요?

가브리엘 : 잠실이에요. 한 시간 걸려요.

라 대본을 실감나게 읽어 보세요. → p.170
Read the script as realistically as possible.

마 잘 듣고 따라 하세요.
Listen carefully and repeat.

1. 글쎄요.

2. 그래서 아침에 늦게까지 잘 수 있어요.

바 요약문을 읽어 보세요.
Read the summary.

> 가브리엘 씨는 이사하고 싶어요. 왜냐하면 지금 집이 너무 멀어요. 그리고 교통이 불편해요. 그래서 부동산에 갈 거예요.
>
> 바야르 씨는 학교 앞에 살아요. 학교 앞이 아주 좋아요. 학교 앞에 식당하고 카페가 많아요. 그리고 마트도 있어요. 진짜 편해요.

듣기 후

 어디에 살아요? 집 근처에 뭐가 있어요? 뭐가 좋아요? 친구한테 집 근처를 설명해 보세요.
Where do you live? What is there around your house? What do you like? Describe the area around your house to your classmates.

집 근처에 뭐가 있어요?

뭐가 좋아요?

거기에서 뭐 할 수 있어요?

단원 마무리

학습 목표

장소 소개하기

문법

1. 동-(으)ㄹ 수 있어요/없어요   A : 잠깐 이야기할 수 있어요?
                                      B : 미안해요, 지금은 이야기할 수 없어요.

2. 동 형-아/어야 해요   A : 한국에서 1년 동안 공부하고 싶어요.
                                      B : 그럼 학생 비자를 받아야 해요.

3. 형-아/어요   A : 한라산이 어때요?
                                      B : 한라산이 높아요.

어휘와 표현

말하기			읽고 말하기	듣고 말하기
형용사①	**문법**	**대화**	☐ 잘 지내요.	● 부동산
높다 ……… 높아요	◆ 잠깐	☐ 알겠어요.	● 생활	◆ 또
낮다 ……… 낮아요	■ 들어가다	◆ 다른 약속이 있다	◆ 마음에 들다	☐ 교통이 불편해요.
많다 ……… 많아요	◆ 일주일 동안	◆ 너무	▲ 편하다	☐ 글쎄요.
적다 ……… 적어요	■ 연습하다	◆ 프로젝트가 있다	☐ 건강 조심하세요.	● 가격
크다 ……… 커요	◆ 돈을 찾다	◆ 서류를 만들다	◆ 모두	◆ 늦게까지
작다 ……… 작아요	◆ 약을 먹다	◆ 출장을 가다	▲ 친절하다	◆ 진짜
싸다 ……… 싸요	● 문화	◆ 서울을 안내하다	▲ 재미있다	◆ 좋은 집
비싸다 …… 비싸요	■ 알다	▲ 넓다	■ 복습하다	
덥다 ……… 더워요	● 역사	◆ 경치가 좋다	● 학기	
춥다 ……… 추워요	◆ 발음을 잘하다	◆ 바람이 시원하다	◆ 새 집	
맛있다 …… 맛있어요	● 비행기표	◆ 푸드 트럭	◆ 집을 찾다	
맛없다 …… 맛없어요			▲ 불편하다	
			● 부엌	
			◆ 드림	

● 명사   ■ 동사   ▲ 형용사   ◆ 기타   ☐ 표현

확인

1. 나의 고향을 소개할 수 있어요.
   I can describe my hometown.   ☆☆☆

2. 내가 할 수 있는 것과 할 수 없는 것을 말할 수 있어요.
   I can say what I can and cannot do.

3. 내가 사는 곳이 어떤 곳인지 설명할 수 있어요.
   I can describe the place where I live.

2

가벼운 노트북 없어요?

쇼핑하기

바지가 어때요?

길어요.

바지가 길어요

바지가 짧아요

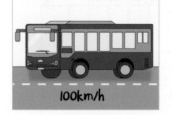

버스가 빨라요

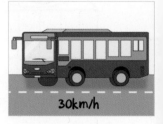

버스가 느려요

옷이 같아요

옷이 달라요

시험이 쉬워요

시험이 어려워요

가방이 가벼워요

가방이 무거워요

교실이 조용해요

교실이 시끄러워요

 게임을 해 보세요.

1. 4명이 한 그룹이 되세요.
2. 형용사 그림 카드(p.20, p.36) 24장을 6장씩 나눠 가지세요.
3. 첫번째 친구가 형용사 그림 카드의 형용사를 말하면서 카드를 하나 내요.
4. 친구가 낸 형용사 카드와 반대되는 카드를 가진 친구가 형용사를 말하면서 카드를 내요.
5. 빨리 카드를 없애는 사람이 이겨요.

길어요.

짧아요.

친구하고 말해 보세요.
Discuss with your classmates.

느린 버스

①
느리다 [버스]

②
조용하다 [도서관]

③
짧다 [바지]

④
길다✪ [스카프]

⑤
가볍다✪ [가방]

⑥
맛있다✪ [음식]

친구하고 묻고 대답해 보세요.
Ask and answer the questions with your classmates.

어떤 가방이 있어요?

큰 가방이 있어요.

어떤 가방이 있어요?

어떤 날씨를 좋아해요?

어떤 집에서 살고 싶어요?

어떤 영화를 좋아해요?

집 근처에 어떤 식당이 있어요?

어떤 카페에 가고 싶어요?

 친구하고 말해 보세요.
Discuss with your classmates.

학생이 많지 않아요.

❶
학생이 많다(X)

❷
방이 크다(X)

❸
머리가 길다(X)

❹
가방이 무겁다(X)

❺
밤에 커피를 마시다(X)

❻
음악을 듣다(X)

 친구하고 묻고 대답해 보세요.
Ask and answer the questions with your classmates.

 방이 커요?

아니요, 크지 않아요.

 커피를 좋아해요?

아니요, 좋아하지 않아요.

커피를 좋아해요?	오늘 운동해요?
도서관에 가요?	영화를 봐요?
아침을 먹어요?	서울에서 살아요?

 친구하고 말해 보세요.
Discuss with your classmates.

맛있는 과자예요. 한번 먹어 보세요.

①
맛있는 과자예요.
한번 먹다

②
한국 막걸리예요.
한번 마시다

③
아름다운 곳이에요.
한번 가다

④
예쁜 치마예요.
한번 입다

⑤
멋있는 모자예요.
한번 쓰다✪

⑥
좋은 노래예요.
한번 듣다✪

TIP
A : 이 드라마가 재미있어요?
B : 네, 재미있어요. 한번 보세요.

 친구하고 묻고 대답해 보세요.
Ask and answer the questions with your classmates.

 싼 옷을 사고 싶어요.
어디가 좋아요?

동대문 시장에 가 보세요.
동대문 시장에 옷 가게가 많아요.

싼 옷을 사고 싶어요.

서울에서 어디가 좋아요?

등산하고 싶어요.

이 식당에서 뭐가 맛있어요?

운동을 배우고 싶어요.

무슨 영화가 재미있어요?

39

사고 싶은 전자 제품을 설명할 때 어떻게 말해요?
How do you describe an electronic device you want to buy?

이거 어때요?

직원	어서 오세요. 뭐 찾으세요?
렌핑	노트북 좀 보여 주세요.
직원	노트북요? 이거 어때요?
렌핑	좀 무거워요. 가벼운 노트북 없어요?
직원	그럼 이거 어때요?
렌핑	좋아요. 이거 주세요.

 다음을 이용해서 대화를 만들어 보세요.
Make a dialogue with the information below.

노트북	핸드폰	선풍기	드라이기

무겁다 가볍다	비싸다 싸다	시끄럽다 조용하다	크다 작다

 역할극을 해 보세요. ➡ p.195
Do a role-play activity.

음식 맛을 물어보고 싶을 때 어떻게 말해요?
How do you ask someone what the food tastes like?

어서 오세요.

직원	어서 오세요. 맛있는 김치예요.
하루카	맵지 않아요?
직원	안 매워요. 한번 먹어 보세요. 여기요.
	…
하루카	와! 맛있어요. 하나 주세요.
직원	네, 여기 있어요. 맛있게 드세요.
하루카	감사합니다.

 다음을 이용해서 대화를 만들어 보세요.
Make a dialogue with the information below.

김치	김	귤	과자

맵다	짜다	시다	달다

 역할극을 해 보세요. ➡ p.195
Do a role-play activity.

옷 가게에서 마음에 드는 옷을 입어 보고 싶을 때 어떻게 말해요?
How do you say you want to try on some clothing at a store?

> 이 티셔츠 좀 입어 볼 수 있어요?

완 이 티셔츠 좀 입어 볼 수 있어요?

직원 네, 입어 보세요. 아주 예쁜 티셔츠예요.

완 네. … 크지 않아요?

직원 안 커요. 아주 예뻐요.

완 음, 다른 색깔도 있어요?

직원 네, 여기에 다른 색깔도 많아요. 한번 입어 보세요.

 다음을 이용해서 대화를 만들어 보세요.
Make a dialogue with the information below.

티셔츠	치마	바지
구두	운동화	부츠
모자	안경	선글라스

입다
신다
쓰다

 역할극을 해 보세요. ➡ p.195
Do a role-play activity.

준비

마트에서 사고 싶은 물건이 있어요? 생각해 보세요.

활동

두 그룹으로 나누세요. Ⓐ그룹은 마트 직원이에요. 그리고 Ⓑ그룹은 손님이에요.

1. Ⓐ그룹은 팀을 나누어 각 가게에서 판매할 물건 리스트를 종이에 쓰세요.
   그리고 책상을 교실 각 코너에 두고 물건 리스트를 책상에 붙이세요.

2. Ⓑ그룹은 가게에 가서 필요한 물건을 찾으세요. 그리고 가격이 얼마인지, 다른 물건
   은 없는지 물어보세요. 마음에 들면 물건을 구입하세요.

3. 손님이 물건을 산다고 하면 물건 이름과 가격을 종이에 작성해서 주세요.

정리

무슨 물건을 샀는지 이야기해 보세요.

읽기 전

보통 어디에서 쇼핑해요? 왜 거기에서 쇼핑해요?

여러분은 어떤 곳을 좋아해요?

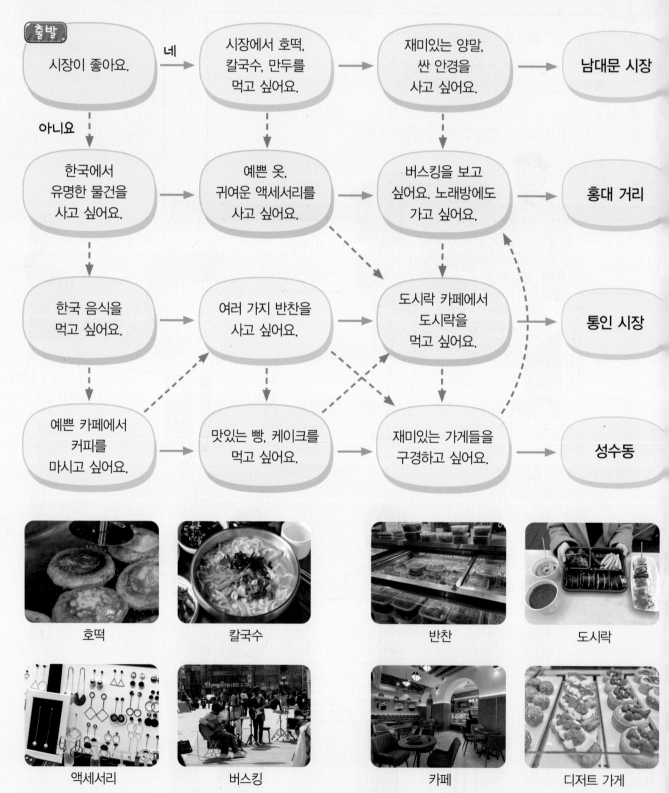

호떡	칼국수	반찬	도시락
액세서리	버스킹	카페	디저트 가게

읽기

다음은 서울에서 유명한 쇼핑 장소예요. 어떤 곳이에요?

남대문 시장

가격이 싸요. 그리고 종류가 많아요.

한국 여행 선물이 많아요.

김치 만두를 먹어 보세요.

남산이 가까워요.

명동에 가 보세요.

남대문 시장은 큰 시장이에요. 가게들이 아주 많아요. 옷, 안경, 액세서리, 꽃, 과일 가게가 있어요. 한국 여행 선물을 살 수 있어요. 식당이 아주 많아요. 그래서 맛있는 한국 음식도 먹을 수 있어요. 호떡, 칼국수, 만두가 맛있어요. 맵지 않아요. 한번 먹어 보세요. 명동, 남산이 가까워요. 그래서 명동하고 남산도 구경할 수 있어요.

 지하철 4호선 회현 역 5번 출구로 나가세요.

홍대 거리

버스킹을 볼 수 있어요.

싼 옷 가게가 많아요.

노래방에서 노래를 해 보세요.

재미있는 게임을 할 수 있어요.

홍대 거리는 아주 재미있는 곳이에요. 버스킹이 유명해요. 노래를 들을 수 있어요. 그리고 춤도 볼 수 있어요. 싼 옷을 살 수 있어요. 그리고 예쁜 액세서리도 살 수 있어요. 노래방, 카페, 식당, 게임 센터가 있어요. 친구하고 놀고 싶어요? 그럼 홍대 거리에 가야 해요.

 지하철 2호선 홍대입구 역 9번 출구로 나가세요.

가 잘 읽고 메모를 고치세요. (4개)
Read carefully and fix the errors in the notes (four altogether).

	어떤 곳이에요? 뭐 할 수 있어요?	어떻게 가요?
남대문 시장	~~작은~~ 시장이에요. → 큰 식당이 많아요. 한국 음식을 먹을 수 있어요. 남산이 가까워요.	지하철 4호선 회현 역 6번 출구
홍대 거리	노래를 들을 수 있어요. 춤을 볼 수 있어요. 비싼 옷을 살 수 있어요. 한국 여행 선물을 살 수 있어요.	지하철 2호선 홍대입구 역 9번 출구

나 친구하고 질문하고 답하세요.
Ask and answer the questions with your classmates.

1. 남대문 시장은 어떤 곳이에요?

2. 남대문 시장에서 뭐 할 수 있어요?

3. 남대문 시장 근처에 뭐가 있어요?

4. 홍대 거리가 어떤 곳이에요?

5. 홍대 거리에서 뭐 할 수 있어요?

6. 여러분은 어디에 가고 싶어요? 왜요?

다 빈칸에 알맞은 단어를 쓰세요.
Fill in the blanks with the most appropriate words.

서울에서 쇼핑하고 싶어요? 그럼 남대문 시장, 홍대 거리에 한번 가 보세요. 남대문 시장은
ㅋ_____ 시장이에요. 여러 가지 물건을 팔아요. 그리고 ㅁ_____ 음식도 먹을 수 있어요.
홍대 거리는 아주 ㅈ_____ 곳이에요. 버스킹이 유명해요. 그리고 ㅆ_____ 옷,
ㅇ_____ 액세서리를 살 수 있어요.

라 다음 단어 카드를 보고 이야기해 보세요.
Look at the vocabulary cards below and talk with your classmate using them.

| 남대문 시장 | 큰 시장 | 가게 | 한국 음식 | 명동, 남산 |

> 남대문 시장은 큰 시장이에요. 가게들이 많아요. …

| 홍대 거리 | 재미있는 곳 | 버스킹 | 옷, 액세서리 | 친구 |

읽기 후

 여러분 나라에서는 사람들이 어디에서 쇼핑해요? 그곳은 어떤 곳이에요? 거기에서 뭐 할 수 있어요?
친구하고 이야기해 보세요.
Where do people go shopping in your home country? What kind of place is that? What can you do there? Discuss with your classmates.

더 읽어 보세요.

경복궁 근처에 있는 시장이에요. 통인 시장 안에는 식당하고 반찬 가게가 많아요. 채소, 과일, 생선 가게도 있어요. 여기에는 특별한 도시락 카페가 있어요. 도시락 카페에서 식사할 수 있어요. 시장에서 여러 가지 음식을 사세요. 도시락 통에 음식을 받으세요. 그리고 도시락 카페에서 드세요. 참! 여기에 아주 유명한 떡볶이 가게가 있어요. 거기에도 한번 가 보세요.

 지하철 3호선 경복궁 역 2번 출구로 나가세요.

젊은 사람들에게 아주 인기가 있는 곳이에요. 예쁜 카페가 많아요. 맛있는 빵집하고 유명한 식당에 갈 수 있어요. 다른 나라 음식도 먹을 수 있어요. 핫도그, 피자, 햄버거도 먹을 수 있어요. 그리고 가방, 지갑, 구두 가게들도 있어요. 예쁜 물건을 살 수 있어요. 성수동에 서울숲도 있어요. 서울숲에서 예쁜 사진도 찍어 보세요.

 지하철 2호선 뚝섬 역 8번 출구나 지하철 2호선 성수 역 3번 출구로 나가세요.

듣기 전

여러분은 지금 어디에서 살아요? 집을 어떻게 찾았어요? 집에 뭐가 있어요?

침대　　책상　　냉장고　　에어컨　　세탁기

듣기

가브리엘 씨가 부동산에 갔어요. 부동산 직원이 방을 소개해요.

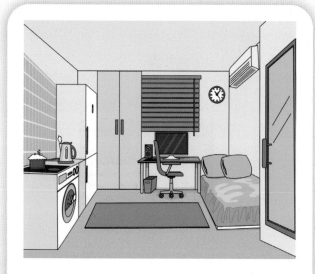

원룸

- 월세 65만 원
- 침대, 책상, 옷장, 냉장고, 에어컨, 세탁기
- 화장실, 부엌

고시원

- 월세 45만 원
- 침대, 책상, 옷장, 에어컨
- 화장실

 가브리엘 씨는 어떤 방을 찾아요?

가 맞는 것에 ✔하세요.
Check the correct answer.

방①

☐ 원룸   ☐ 고시원

☐ 방이 작다   ☐ 방이 크다

☐ 세탁기가 있다   ☐ 세탁기가 없다

☐ 65만 원이다   ☐ 45만 원이다

방②

☐ 원룸   ☐ 고시원

☐ 방이 작다   ☐ 방이 크다

☐ 화장실이 있다   ☐ 화장실이 없다

☐ 65만 원이다   ☐ 45만 원이다

나 친구하고 질문하고 답하세요.
Ask and answer the questions with your classmates.

1. 가브리엘 씨는 어떤 방을 찾아요?

2. 원룸 안에 뭐가 있어요?

3. 원룸 위치가 어디예요?

4. 고시원 방이 어때요?

5. 고시원에서 학교까지 얼마나 걸려요?

6. 여러분은 어느 방이 마음에 들어요? 왜요?

다 잘 듣고 빈칸을 채우세요.
Listen carefully and fill in the blanks.

워크북
p.32

직원   : 어서 오세요.

가브리엘 : 안녕하세요? 원룸 좀 보여 주세요.

직원   : 네, 방이 많아요. 어떤 방을 찾아요?

가브리엘 : 1. _____ 방을 찾아요.

직원   : 여기 사진 한번 보세요. 이 방 어때요? 아주 깨끗해요.

가브리엘 : 방이 2. _____?

라 대본을 실감나게 읽어 보세요. ➡ p.170

Read the script as realistically as possible.

마 잘 듣고 따라 하세요.

Listen carefully and repeat.

1. 싼 방은 없어요?

2. 깨끗한 방을 찾아요.

바 요약문을 읽어 보세요.

Read the summary.

> 가브리엘 씨가 부동산에 갔어요. 부동산 직원이 원룸하고 고시원 방을 보여 줬어요. 원룸이 커요. 방 안에 침대, 책상, 냉장고, 에어컨, 세탁기가 있어요. 하지만 월세가 좀 비싸요. 고시원은 싸요. 그리고 깨끗해요. 그런데 방이 좀 작아요.

듣기 후

 부동산 직원과 가브리엘 씨처럼 대화해 보세요.

Do the Role-Play between the real estate employee and Gabriel.

Ⓐ 48쪽의 사진을 보면서 방을 설명하세요.

Describe the room while looking at the photograph on p. 48.

Ⓑ 방이 어떤지 질문을 해 보세요.

Ask what the room is like.

어서 오세요. 어떤 방을 찾아요?

이 방 어때요?

부동산 직원

깨끗한 방을 찾아요.

월세가 얼마예요?

방에 뭐가 있어요?

요리할 수 있어요?

단원 마무리

학습 목표

쇼핑하기

문법

1. 형-(으)ㄴ 명
   A : 어떤 가방을 살 거예요?
   B : 큰 가방을 살 거예요.

2. 동 형-지 않아요
   A : 집이 멀어요?
   B : 아니요, 멀지 않아요. 가까워요.

3. 동-아/어 보세요
   A : 맛있어요?
   B : 네, 아주 맛있어요. 한번 먹어 보세요.

어휘와 표현

말하기

형용사②

길다	길어요	긴 바지
짧다	짧아요	짧은 바지
빠르다	빨라요	빠른 버스
느리다	느려요	느린 버스
같다	같아요	같은 옷
다르다	달라요	다른 옷
쉽다	쉬워요	쉬운 시험
어렵다	어려워요	어려운 시험
가볍다	가벼워요	가벼운 가방
무겁다	무거워요	무거운 가방
조용하다	조용해요	조용한 교실
시끄럽다	시끄러워요	시끄러운 교실

문법

- 스카프
- 날씨
- 머리
- 과자
- 막걸리
- ◆ 아름다운 곳
- ▲ 예쁘다
- ▲ 멋있다
- ■ 쓰다
- ◆ 옷 가게

대화

- □ 어서 오세요.
- □ 뭐 찾으세요?
- ● 선풍기
- ● 드라이기
- ● 김치
- ▲ 맵다
- □ 여기요.
- □ 맛있게 드세요.
- ● 김
- ▲ 짜다
- ● 귤
- ▲ 시다
- ▲ 달다
- ◆ 이 티셔츠
- ■ 입다
- ● 색깔
- ● 치마
- ● 바지
- ● 구두
- ● 운동화
- ● 부츠
- ■ 신다

읽고 말하기

- ● 시장
- ● 액세서리
- ● 꽃
- ● 선물
- ● 거리
- ● 버스킹
- ▲ 유명하다
- ● 노래방
- ◆ 게임 센터

듣고 말하기

- ● 원룸
- ▲ 깨끗하다
- ● 침대
- ● 냉장고
- ● 에어컨
- ● 세탁기
- ● 위치
- ◆ 바로
- ● 월세
- ● 고시원
- □ 한 달에 45만 원이에요.
- □ 그럼요.
- ◆ 둘 다

● 명사   ■ 동사   ▲ 형용사   ◆ 기타   □ 표현

확인

1. 내가 원하는 것을 말하고 살 수 있어요.
   I can say what I want to have and buy.

2. 물건이나 주변의 상태를 설명할 수 있어요.
   I can describe an item or my surroundings.

한강 공원
Han River Park

서울 중심을 흐르는 한강 옆에는 한강 공원이 있어요.
한강 공원에서는 계절마다 다른 활동을 할 수 있어요. 그리고 다양한 축제와 이벤트가 있어요. 한강 공원에 꼭 가 보세요.

EN
CN
JP
TH
translation

3

우리 같이
서울을 구경할까요?

약속 정하기

무슨 한국 음식을 좋아해요?

비빔밥하고 불고기를 좋아해요.

 친구하고 말해 보세요.
Discuss with your classmates.

김밥하고 떡볶이를 먹어요.

❶  를 먹어요.

김밥　떡볶이

❷  가 있어요.

커피　녹차

❸  에 갔어요.

식당　카페

❹   를 살 거예요.

반지　귀걸이

 친구하고 묻고 대답해 보세요.
Ask and answer the questions with your classmates.

 보통 아침에 뭐 먹어요?

빵하고 과일을 먹어요.

어제 저녁에 뭐 먹었어요?

 밥하고 김치찌개를 먹었어요.

보통 아침에 뭐 먹어요?

어제 저녁에 뭐 먹었어요?

어느 나라 말을 할 수 있어요?

생일 때 뭐 받고 싶어요?

방에 뭐가 있어요?

방학 때 어디에 갈 거예요?

 친구하고 말해 보세요.
Discuss with your classmates.

운동하고 샤워해요.

❶
운동하다 　 샤워하다

❷
책을 읽다 　 커피를 마시다

❸
음악을 듣다 　 춤을 추다

❹
음식을 만들다 　 설거지하다

 친구하고 묻고 대답해 보세요.
Ask and answer the questions with your classmates.

 보통 저녁 때 뭐 해요?

식사하고 텔레비전을 봐요.

공원에서 산책하고 운동해요.

보통 저녁 때 뭐 해요?

보통 일요일에 뭐 해요?

카페에서 보통 뭐 해요?

친구하고 보통 뭐 해요?

집이 어때요?

학생 식당이 어때요?

 친구하고 말해 보세요.
Discuss with your classmates.

숙제하고 친구를 만났어요.

❶
숙제하다   친구를 만나다

❷
영화를 보다   산책하다

❸
점심을 먹다   운동하다

❹
공원에서 걷다   커피를 마시다

 친구하고 묻고 대답해 보세요.
Ask and answer the questions with your classmates.

 어제 저녁에 뭐 했어요?

저녁을 먹고 텔레비전을 봤어요.

일본어를 가르치고 쉬었어요.

어제 저녁에 뭐 했어요?

오늘 아침에 뭐 했어요?

지난 주말에 뭐 했어요?

생일 때 뭐 했어요?

작년에 뭐 했어요?

5년 전에 뭐 했어요?

 친구하고 말해 보세요.
Discuss with your classmates.

이야기할까요?

❶ 이야기하다

❷ 영화를 보다

❸ 점심을 먹다

❹ 사진을 찍다

❺ 음악을 듣다✪

❻ 쿠키를 만들다✪

 카드를 보고 친구하고 약속을 만들어 보세요.
Look at the card and make an appointment with your friend.

 날씨가 좋아요. 같이 산책할까요?

네, 좋아요. 같이 산책해요.

미안해요. 다른 약속이 있어요.

날씨가 좋아요.

영화표가 두 장 있어요.

맛있는 식당을 찾았어요.

내일 시험이에요.

토요일에 약속이 없어요.

다음 주부터 방학이에요.

59

친구에게 같이 서울을 구경하자고 하고 싶을 때 어떻게 말해요?
How would you invite someone to go sightseeing in Seoul with you?

우리 같이 서울을 구경할까요?

앤디	수잔 씨, 토요일에 뭐 할 거예요?
수잔	글쎄요. 아직 잘 모르겠어요.
앤디	그럼 우리 같이 서울을 구경할까요?
수잔	네, 좋아요. 저는 인사동하고 북촌에 가고 싶어요.
앤디	인사동요? 좋아요. 같이 가요.

 다음을 이용해서 대화를 만들어 보세요.
Make a dialogue with the information below.

서울을 구경하다	인사동, 북촌	가다
성수동에 가다	서울숲, 예쁜 카페	
점심을 먹다	김밥, 떡볶이	먹다
한강 공원에 놀러 가다	치킨, 라면	

 반 친구들하고 자유롭게 이야기해 보세요. ➡ p.196
Discuss freely with your classmates.

친구가 같이 등산하자고 제안하는데 할 수 없을 때 어떻게 말해요?
If someone invites you to go hiking and you cannot go, what would you say?

우리 같이 …?

렌핑	사라 씨, 내일 바빠요?
사라	왜요?
렌핑	우리 같이 등산할까요?
	사라 씨하고 같이 등산하고 싶어요.
사라	미안해요. 내일 아르바이트를 해요.
렌핑	그래요? 그럼 다음에 같이 가요.

 다음을 이용해서 대화를 만들어 보세요.
Make a dialogue with the information below.

등산하다
미술관에 가다
저녁을 먹다
콘서트에 가다

아르바이트를 하다
시험을 준비해야 하다
친구 생일 파티에 가다
다른 약속이 있다

 반 친구들하고 자유롭게 이야기해 보세요. ➡ p.196
Discuss freely with your classmates.

같이 점심 먹고 산책해요

같이 점심 먹자는 친구의 제안을 받아들이고, 산책도 제안하고 싶을 때 어떻게 말해요?
How do you agree to someone's suggestion to have lunch and suggest a walk?

같이 점심 먹을까요?

한스	바야르 씨, 내일 수업 후에 시간 있어요?
바야르	네, 있어요.
한스	그래요? 그럼 같이 점심 먹을까요?
바야르	좋아요. 같이 점심 먹고 산책해요.
한스	그럼 내일 1시에 학교 앞에서 만날까요?
바야르	네, 내일 만나요.

다음을 이용해서 대화를 만들어 보세요.
Make a dialogue with the information below.

점심(을) 먹다	산책하다
자전거(를) 타다	게임하다
쇼핑하다	노래방에 가다
공연(을) 보다	커피 한잔하다

반 친구들하고 자유롭게 이야기해 보세요. ➡ p.196
Discuss freely with your classmates.

준비

다음 주 월요일부터 금요일까지 수업이 없어요. 뭐 할 거예요?
선생님한테서 스케줄표를 받으세요. 여러분의 스케줄을 쓰세요.

월	화	수	목	금	토	일

활동

1. 스케줄이 없는 날짜에 친구들하고 약속을 만드세요. 약속을 만들고 스케줄표에 메모하세요.

2. 스케줄이 있는 날짜에 친구가 만나자고 하면, 만날 수 없는 이유를 말하세요.

...스 씨, 다음 주 월요일에 시간 있어요?

네, 있어요. 왜요?

...럼, 우리 같이 롯데월드에 갈까요?

좋아요. 같이 가요.

몇 시에 …?

어디에서 …?

정리

무슨 약속을 했는지 이야기해 보세요.

읽기 전

무슨 계절을 좋아해요?

봄

여름

가을

겨울

따뜻한 봄이에요. 앤디 씨는 친구들하고 월드컵 공원에 갔어요.

읽기

 앤디 씨는 공원에서 뭐 했어요?

어제 날씨가 아주 좋았어요. 그래서 앤디 씨는 친구들하고 월드컵 공원에 놀러 갔어요. 월드컵 공원은 학교에서 멀지 않았어요. 지하철로 20분쯤 걸렸어요. 공원은 넓었어요. 나무도 많고 꽃도 아름다웠어요.

거기에서 앤디 씨는 친구들하고 점심을 맛있게 먹었어요. 김밥하고 치킨을 먹었어요. 그다음에 공원에서 산책을 하고 사진을 찍었어요. 그리고 다 같이 게임을 했어요. 앤디 씨가 이겼어요. 그래서 기분이 좋았어요.

미나 씨가 말했어요.

"앤디 씨, 월드컵 공원이 정말 좋아요. 다음에 다시 올까요?"

앤디 씨가 대답했어요.

"네, 좋아요. 다음에 우리 둘이서만 와요."

 꽃도[꼳또]

 많고[만코]

가 앤디 씨가 어제 한 것을 순서대로 써 보세요.
Write down what Andy did yesterday in order.

공원에 갔어요.	산책했어요.	게임을 했어요.	점심을 먹었어요.	사진을 찍었어요.
(1)	( )	( )	( )	( )

나 친구하고 질문하고 답하세요.
Ask and answer the questions with your classmates.

1. 앤디 씨는 어제 어디에 갔어요?

2. 월드컵 공원은 어땠어요?

3. 앤디 씨하고 친구들은 월드컵 공원에서 뭐 했어요?

4. 앤디 씨는 왜 기분이 좋았어요?

5. 미나 씨는 앤디 씨한테 "다음에 다시 올까요?"라고 말했어요. 앤디 씨는 뭐라고 대답했어요?

다 빈칸에 알맞은 단어를 쓰세요.
Fill in the blanks with the most appropriate words.

어제 날씨가 아주 좋았어요. 그래서 앤디 씨는 친구들하고 월드컵 공원에 놀러 갔어요. 공원은 ㄴ_____. 그리고 나무도 많고 꽃도 ㅇ_____. 거기에서 앤디 씨는 친구들하고 점심을 맛있게 먹었어요. 그다음에 ㅅ_____을 하고 사진을 찍었어요. 그리고 다 같이 게임을 했어요. 앤디 씨가 이겼어요. 그래서 ㄱ_____이 좋았어요. 미나 씨는 앤디 씨하고 다시 한번 월드컵 공원에 가고 싶어요.

라 다음 그림을 보고 이야기해 보세요.
Talk about what you see in the following pictures.

앤디 씨는 월드컵 공원에 놀러 갔어요.
거기에서 친구들하고 …

읽기 후

공원이나 산, 바다로 놀러 간 경험이 있어요? 이야기해 보세요.
Have you ever visited a park, mountain, or beach? Discuss with your classmates.

어디에 갔어요?

어떻게 갔어요?

누구하고 갔어요?

거기에서 뭐 했어요?

듣기 전

서울에 다양한 축제가 있어요. 어떤 축제에 가 보고 싶어요?

봄꽃축제

연등축제

불꽃축제

듣기

지훈 씨가 완 씨하고 대학 축제에 대해 이야기해요. 대학 축제에서 다양한 활동을 할 수 있어요.

 두 사람은 금요일에 어디에 갈 거예요?

가 맞으면 O, 틀리면 X 하세요.
Write O if the statement is true and X if it is false.

1. 완 씨는 금요일에 숙제할 거예요. ( )

2. 서강대 축제가 아주 재미있어요. ( )

3. 축제에서 선물을 받을 수 있어요. ( )

4. 서강대 학생들만 공연을 볼 수 있어요. ( )

5. 공연은 저녁 6시에 시작해요. ( )

나 친구하고 질문하고 답하세요.
Ask and answer the questions with your classmates.

1. 지훈 씨는 금요일에 무슨 계획이 있어요?

2. 서강대 축제가 어때요?

3. 서강대 축제에서 뭐 먹을 수 있어요?

4. 지훈 씨하고 완 씨는 축제에서 뭐 할 거예요?

5. 두 사람은 몇 시에, 어디에서 만날 거예요?

다 잘 듣고 빈칸을 채우세요.
Listen carefully and fill in the blanks.

워크북 p.46

지훈 : 완 씨, 금요일에 뭐 할 거예요?

완 : 글쎄요. 아직 1. _____ 계획은 없어요. 지훈 씨는요?

지훈 : 저는 학교 축제에 갈 거예요.

완 : 서강대학교 축제요? 서강대 축제가 2. _____?

지훈 : 아주 재미있어요. 3. _____ 이벤트가 있어요.

라 대본을 실감나게 읽어 보세요. ➡ p.171

Read the script as realistically as possible.

마 잘 듣고 따라 하세요.

Listen carefully and repeat.

1. 아직 특별한 계획은 없어요.

2. 같이 게임도 하고, 맛있는 음식도 먹고, 공연도 봐요.

바 요약문을 읽어 보세요.

Read the summary.

> 지훈 씨하고 완 씨는 금요일에 서강대 축제에 갈 거예요. 서강대 축제에서 게임을 하고 선물을 받을 수 있어요. 한국 음식하고 세계 여러 나라 음식을 먹을 수 있어요. 유명한 가수 공연도 볼 수 있어요.
>
> 두 사람은 게임도 하고, 맛있는 음식도 먹고, 공연도 볼 거예요.

듣기 후

 여러분 나라에는 어떤 축제가 있어요? 친구들하고 이야기해 보세요.

What kind of festivals are there in your home country? Discuss with your classmates.

어떤 축제가 있어요?

그 축제를 언제 해요?

축제에서 사람들이 뭐 해요?

축제에서 무슨 음식을 먹어요?

단원 마무리

학습 목표

약속 정하기

문법

1. 명하고
   A : 무슨 한국 음식을 좋아해요?
   B : 비빔밥하고 불고기를 좋아해요.

2. 동형-고
   A : 보통 수업 후에 뭐 해요?
   B : 점심 먹고 숙제해요.

3. 동-(으)ㄹ까요?①
   A : 내일 같이 영화 볼까요?
   B : 네, 좋아요. 같이 봐요.

어휘와 표현

말하기

여가 활동
- ■ 운동하다
- ■ 산책하다
- ■ 등산하다
- ■ 게임하다
- ◆ 미술관에 가다
- ◆ 콘서트에 가다
- ◆ 노래방에 가다
- ◆ 영화를 보다
- ◆ 공연을 보다
- ◆ 사진을 찍다
- ◆ 쿠키를 만들다

문법
- ● 떡볶이
- ● 반지
- ● 귀걸이

대화
- □ 아직 잘 모르겠어요.
- ● 치킨
- ◆ 커피 한잔하다

읽고 말하기

- ● 나무
- ◆ 다 같이
- ■ 이기다
- ◆ 다시
- ■ 대답하다
- ◆ 둘이서만

듣고 말하기

- □ 아직 특별한 계획은 없어요.
- ● 축제
- ▲ 다양하다
- ● 이벤트
- ◆ 여러 가지
- ◆ 선물을 받다
- ◆ 세계 여러 나라 음식
- ■ 공연하다
- ◆ 표를 사다
- ● 무료
- ◆ 누구든지
- ◆ 일찍부터
- ◆ 줄을 서다
- ● 정문

● 명사　■ 동사　▲ 형용사　◆ 기타　□ 표현

확인

1. 다른 사람하고 약속을 정할 수 있어요.
   I can make plans with someone else.
   ☆☆☆

2. 여가 활동에 대해 말할 수 있어요.
   I can talk about leisure activities.
   ☆☆☆

4

언제 한국에 오셨어요?

인터뷰하기

앤디 씨가 산책해요.

할아버지가 산책하세요.

친구하고 말해 보세요.
Discuss with your classmates.

아버지가 지금 운동하세요.

 ①
운동하다

②
뉴스를 보다

 ③
많이 피곤하다

④
신문을 읽다

 ⑤
공원에서 걷다✪

⑥
부산에 살다✪

친구하고 존댓말로 묻고 대답해 보세요.
Answer the questions with your classmates using jondaenmal(honorifics).

보통 몇 시에 일어나세요?

7시에 일어나요.

보통 몇 시에 주무세요?

11시에 자요.

보통 몇 시에 일어나세요?

보통 몇 시에 주무세요?✪

보통 아침에 뭐 드세요?✪

보통 한국어로 말씀하세요?✪

보통 주말 오전에 어디에 계세요?✪

지금 우산 있으세요?

미나 씨가 어제 책을 읽었어요.

할아버지가 어제 신문을 읽으셨어요.

 친구하고 말해 보세요.
Discuss with your classmates.

어머니가 어제 운동하셨어요.

①
운동하다

②
영화를 보다

③
바쁘다

④
한복을 입다

⑤
음악을 듣다✪

⑥
쿠키를 만들다✪

 친구하고 존댓말로 묻고 대답해 보세요.
Answer the questions with your classmates using jondaenmal(honorifics).

오늘 몇 시에 일어나셨어요?

오늘 6시 반에 일어났어요.

어제 몇 시까지 일하셨어요?

어제 7시까지 일했어요.

오늘 몇 시에 일어나셨어요?

어제 몇 시까지 일하셨어요?

어제 몇 시에 주무셨어요?✪

오늘 커피를 몇 잔 드셨어요?✪

조금 전에 누구한테 말씀하셨어요?✪

30분 전에 어디에 계셨어요?✪

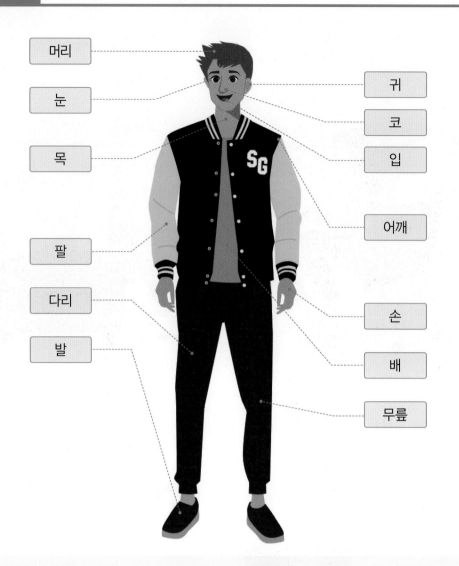

머리
눈
목
팔
다리
발

귀
코
입
어깨
손
배
무릎

머리 어깨 무릎 발

머 리 어깨 무릎 발 무릎 발   머 리 어 깨 무릎 발 무릎 발 – 무릎

머 리 어 깨 발 – 무릎 발   머 리 어 깨 무릎 눈 코 입

회사 동료하고 가벼운 이야기를 나누고 싶을 때 어떤 질문을 해요?
How do you usually do a small talk with an office colleague?

점심 드셨어요?

민수 수잔 씨, 점심 드셨어요?

수잔 네, 비빔밥 먹었어요. 민수 씨는요?

민수 저는 김치찌개 먹었어요.

수잔 민수 씨는 매운 음식을 좋아하세요?

민수 네, 좋아해요.

수잔 그러세요? 저도 매운 음식을 좋아해요.

 다음을 이용해서 대화를 만들어 보세요.
Make a dialogue with the information below.

매운 음식을 좋아해요?

무슨 음식을 자주 먹어요?

집에서 요리해요?

무슨 음식을 만들어요?

보통 어디에서 식사해요?

 반 친구들하고 자유롭게 이야기해 보세요. ➡ p.197
Discuss freely with your classmates.

동료가 아플 때 어떻게 말해요?
What do you say when your colleague is sick?

민수	수잔 씨, 얼굴이 안 좋으세요. 어디가 아프세요?
수잔	네, 배가 아파요.
민수	혹시 매운 음식을 드셨어요?
수잔	네, 매운 음식을 먹었어요.
민수	약을 드세요. 그리고 일찍 집에 가세요.
수잔	네, 알겠어요. 감사합니다.

 다음을 이용해서 대화를 만들어 보세요.
Make a dialogue with the information below.

배가 아프다	매운 음식을 먹었어요
머리가 아프다	늦게까지 일했어요
눈이 아프다	알레르기가 있어요
열이 나다	감기에 걸렸어요

배가 아프다

머리가 아프다

눈이 아프다

열이 나다

반 친구들하고 자유롭게 이야기해 보세요. ➡ p.197
Discuss freely with your classmates.

처음 만난 사람하고 이야기를 나눌 때 어떤 질문을 해요?
What questions do you ask when talking to someone you just met?

사라	따뜻한 레몬차 주문하셨어요? 여기 있어요.
손님	고마워요. 한국말을 참 잘하세요.
	어느 나라에서 오셨어요?
사라	프랑스에서 왔어요.
손님	언제 한국에 오셨어요?
사라	두 달 전에 왔어요.

 다음을 이용해서 대화를 만들어 보세요.
Make a dialogue with the information below.

어느 나라에서 왔어요?

언제 한국에 왔어요?

한국 친구가 많아요?

어디에서 한국어를 배워요?

한국어 공부가 어렵지 않아요?

한국 생활이 재미있어요?

 반 친구들하고 자유롭게 이야기해 보세요. ➡ p.197
Discuss freely with your classmates.

준비

반을 Ⓐ그룹과 Ⓑ그룹으로 나누세요. Ⓐ그룹은 교실의 왼쪽에, Ⓑ그룹은 교실의 오른쪽에 서세요.

활동

1. 오늘 처음 만난 것으로 가정하고, 맞은편 사람하고 인터뷰를 하세요. 인터뷰할 때 존댓말을 사용하세요.

2. 5분이 지나면 화살표 방향으로 이동하세요.

정리

인터뷰가 끝난 후에 반 친구들에 대해 새롭게 알게 된 사실에 대해 이야기해 보세요.

읽기 전

가족이 모두 몇 명이에요? 누가 있어요?

읽기

 미나 씨 가족이 지금 어디에 있어요?

오늘은 일요일이에요. 일요일 아침에 우리 가족은 보통 집 근처 공원에 가요. 거기에서 산책하고 운동도 해요. 그런데 오늘은 날씨가 안 좋아요. 비가 와요. 그리고 바람도 많이 불어요. 그래서 지금 모두 집에 있어요.

할머니는 방에서 주무세요. 요즘 건강이 안 좋으세요. 할아버지는 할머니 옆에서 책을 읽으세요. 저는 방에서 친구하고 전화해요. 친한 친구가 프랑스에 공부하러 갔어요. 방학 때 그 친구를 만나러 갈 거예요.

어머니는 거실에 계세요. 드라마를 보세요. 어머니는 드라마를 아주 좋아하세요. 언니도 거실에 있어요. 거실에서 요가를 해요.

아버지는 부엌에 계세요. 부엌에서 맛있는 간식을 만드세요. 아버지는 요리를 잘 하세요. 조금 후에 우리 가족은 맛있는 간식을 먹을 수 있을 거예요.

가 미나 씨 가족이 지금 뭐 해요? 잘 읽고 ✓ 하세요.
What is Mina's family doing right now? Read carefully and check the correct answers.

누가?	뭐 해요? (하세요?)	
할머니	☐ 밥을 드세요	☑ 주무세요
할아버지	☐ 책을 읽으세요	☐ 할머니하고 이야기하세요
미나	☐ 숙제해요	☐ 전화해요
어머니	☐ 드라마를 보세요	☐ 음악을 들으세요
언니	☐ 게임해요	☐ 요가해요
아버지	☐ 요리하세요	☐ 청소하세요

나 친구하고 질문하고 답하세요.
Ask and answer the questions with your classmates.

1. 미나 씨 가족은 일요일에 보통 뭐 해요?

2. 오늘 날씨가 어때요?

3. 미나 씨 할머니하고 할아버지는 어디에 계세요? 뭐 하세요?

4. 미나 씨는 지금 누구하고 전화해요?

5. 미나 씨 어머니는 뭐 좋아하세요?

6. 미나 씨 아버지는 뭐 만드세요?

다 빈칸에 알맞은 단어를 쓰세요.
Fill in the blanks with the most appropriate words.

오늘은 날씨가 안 좋아요. 그래서 미나 씨 가족은 집에 있어요. 할머니는 지금 방에서 ㅈ_____. 왜냐하면 요즘 ㄱ_____이 안 좋으세요. 할아버지는 할머니 옆에서 책을 읽으세요. 미나 씨는 방에서 친구하고 ㅈ_____. 어머니는 거실에서 드라마를 ㅂ_____. 언니는 거실에서 ㅇ_____를 해요. 아버지는 ㅂ_____에서 간식을 만드세요.

라 83쪽 그림과 다른 곳을 찾으세요. 다음 그림으로 새 이야기를 만드세요.
Find things that are different from the picture on p. 83. Using the following picture, make up a new dialogue.

읽기 후

 여러분 가족은 주말에 보통 뭐 해요? 이야기해 보세요.
What does your family usually do on the weekends? Discuss with your classmates.

듣기 전

감기에 걸렸어요. 그럼 어디가 아파요? 어떻게 해요?

목이 아프다

콧물이 나다

기침이 나다

열이 나다

듣기

앤디 씨가 지난주에 아팠어요.

 앤디 씨는 어디가 아팠어요?

가 맞으면 O, 틀리면 X 하세요.
Write O if the statement is true and X if it is false.

1. 앤디 씨는 지난주에 학교에 안 갔어요.　　　(　　　)

2. 앤디 씨는 집 근처 약국에 갔어요.　　　(　　　)

3. 앤디 씨는 오늘 아프지 않아요.　　　(　　　)

4. 다음 주에 시험이 있어요.　　　(　　　)

5. 앤디 씨는 시험을 준비했어요.　　　(　　　)

나 친구하고 질문하고 답하세요.
Ask and answer the questions with your classmates.

1. 앤디 씨는 지난주에 왜 학교에 안 갔어요?

2. 앤디 씨는 지난주에 어느 병원에 갔어요?

3. 앤디 씨는 지금도 아파요?

4. 앤디 씨는 왜 걱정해요?

5. 내일 수업 시간에 뭐 할 거예요?

다 잘 듣고 빈칸을 채우세요.
Listen carefully and fill in the blanks.

워크북
p.56

선생님 : 들어오세요.

앤디　: 안녕하세요? 선생님.

선생님 : 안녕하세요? 앤디 씨. 지난주에 왜 학교에 안 1. _____?

앤디　: 많이 아팠어요.

선생님 : 어디가 아프셨어요?

앤디　: 2. _____이 많이 났어요. 그리고 3. _____도 많이 아팠어요.

라 대본을 실감나게 읽어 보세요. ➡p.171

Read the script as realistically as possible.

마 잘 듣고 따라 하세요.

Listen carefully and repeat.

1. 빨리 나으세요.

2. 내일 복습할 거예요.

바 요약문을 읽어 보세요.

Read the summary.

> 앤디 씨가 지난주에 학교에 안 갔어요. 열이 많이 났어요. 그리고 목도 많이 아팠어요. 그래서 앤디 씨는 집 근처 내과에 갔어요. 하지만 아직 목이 아파요. 그런데 다음 주에 시험을 볼 거예요. 앤디 씨는 공부 안 했어요. 그래서 걱정해요.

듣기 후

 선생님하고 앤디 씨처럼 대화해 보세요.
Do a Role-Play between the teacher and Andy.

왜 학교에 안 오셨어요?

어디가 아프셨어요?

지금은 괜찮으세요?

단원 마무리

학습 목표

인터뷰하기

문법

1. 동 형 -(으)세요②   A : 어디가 아프세요?
                   B : 네, 배가 아파요.

2. 동 형 -(으)셨어요   A : 언제 한국에 오셨어요?
                   B : 두 달 전에 왔어요.

어휘와 표현

말하기

[신체]

- 머리
- 귀
- 눈
- 코
- 목
- 입
- 팔
- 어깨
- 다리
- 손
- 발
- 배
- 무릎

[존댓말]

- 주무세요 ……… 주무셨어요
- 드세요 ………… 드셨어요
- 말씀하세요 … 말씀하셨어요
- 계세요 ………… 계셨어요

[문법]

- 뉴스를 보다
- 신문
- 한복
- 몇 잔

[대화]

- 그러세요?
- 얼굴이 안 좋으세요.
- 아프다
- 열이 나다
- 알레르기가 있다
- 감기에 걸리다
- 따뜻하다
- 주문하다
- 한국말
- 참
- 잘하다

읽고 말하기

- 거기
- 날씨가 좋다
- 비가 오다
- 바람이 불다
- 할머니
- 건강
- 할아버지
- 친한 친구
- 거실
- 언니
- 요가(를) 하다
- 간식
- 조금 후

듣고 말하기

- 들어오세요.
- 내과
- 갔다 오다
- 괜찮다
- 푹 쉬세요.
- 시험을 보다
- 어떻게 해요?
- 걱정하다
- 내일 학교에 꼭 오세요.
- 빨리 나으세요.

● 명사   ■ 동사   ▲ 형용사   ◆ 기타   □ 표현

확인

1. 존댓말로 묻고 답할 수 있어요.   ☆☆☆
I can ask and answer questions in jondaenmal (the honorific).

2. 어디가, 어떻게, 왜 아픈지 말할 수 있어요.   ☆☆☆
I can say where, how, and why I feel sick.

병원과 약국
Clinics and Pharmacies

한국에서는 증상에 따라 해당 병원에 찾아가야 해요.
병원에 갈 때에는 신분증(외국인 등록증이나 여권)을 꼭 가지고 가야 해요.
이름과 신분증 번호, 주소와 연락처를 써서 접수한 다음에 진료를 받아요.
병원에서 받은 처방전을 가지고 약국에 가면 약을 지어 줘요.

EN
CN
JP
TH

translation

5

스키 탈 줄 알아요?

취미 말하기

뭐 해요?

수영해요.

수영하다

야구하다

축구하다

농구하다

테니스를 치다

배드민턴을 치다

탁구를 치다

골프를 치다

자전거를 타다

스키를 타다

스케이트를 타다

스노보드를 타다

피아노를 치다

기타를 치다

하모니카를 불다

플루트를 불다

 친구하고 말해 보세요.
Discuss with your classmates.

운전할 줄 알아요.

수영할 줄 몰라요.

운전하다

수영하다(X)

한자를 읽다

자전거를 타다(X)

하모니카를 불다✪

김밥을 만들다✪(X)

 친구하고 묻고 대답해 보세요.
Ask and answer the questions with your classmates.

 수영할 줄 알아요?

네, 수영할 줄 알아요.

아니요, 수영할 줄 몰라요.

수영할 줄 알아요?

태권도 할 줄 알아요?

테니스 칠 줄 알아요?

스키 탈 줄 알아요?

기타 칠 줄 알아요?

불고기를 만들 줄 알아요?

 친구하고 말해 보세요.
Discuss with your classmates.

수영하거나 테니스를 쳐요.

❶

수영하다　　　　테니스를 치다

❷

춤을 추다　　　　노래하다

❸

책을 읽다　　　　텔레비전을 보다

❹
음악을 듣다　　　　요리하다

 친구하고 묻고 대답해 보세요.
Ask and answer the questions with your classmates.

 수업 후에 보통 뭐 해요?

운동하거나 게임해요.

완 씨는 수업 후에 보통 뭐 해요?

 숙제하거나 친구하고 카페에 가요.

수업 후에 보통 뭐 해요?

주말에 보통 뭐 해요?

기분이 좋아요. 그럼 보통 뭐 해요?

한국에서 뭐 하고 싶어요?

생일에 뭐 할 거예요?

이번 방학 때 뭐 할 거예요?

96

 친구하고 말해 보세요.
Discuss with your classmates.

> 한국어가 어렵지만 재미있어요.

❶  ↔

한국어가 어렵다　　　　　재미있다

❷  ↔

갈비가 비싸다　　　　　　맛있다

❸ ↔

집이 멀다　　　　　　　　크다

❹  ↔

피아노를 칠 줄 모르다　　기타를 칠 줄 알다

 친구하고 묻고 대답해 보세요.
Ask and answer the questions with your classmates.

 서강 식당이 어때요?

> 비싸지만 맛있어요.

> 한국 생활이 어때요?

 바쁘지만 재미있어요.

서강 식당이 어때요?

한국 생활이 어때요?

지금 집이 어때요?

한국어 공부가 어때요?

한국 음식이 어때요?

무슨 운동을 할 줄 알아요?

친구가 시간이 있을 때 뭐 하는지 물어보고 싶을 때 어떻게 말해요?
How do you ask someone what they do in their free time?

하루카	시간이 있을 때 뭐 하세요?
앤디	운동을 하거나 음악을 들어요.
하루카	어떤 운동을 좋아하세요?
앤디	태권도를 좋아해요.
하루카	그럼 어떤 음악을 좋아하세요?
앤디	힙합을 좋아해요.

 다음을 이용해서 대화를 만들어 보세요.
Make a dialogue with the information below.

운동을 하다	태권도, 축구, 야구, 농구
음악을 듣다	힙합, 클래식, 재즈, 케이팝
춤을 추다	재즈 댄스, 라틴 댄스, 힙합 댄스, 케이팝 댄스
영화를 보다	코미디 영화, 액션 영화, 공포 영화, 애니메이션

 반 친구들하고 자유롭게 이야기해 보세요. ➡ p.198
Discuss freely with your classmates.

배우고 있는 것에 대해 말하고 싶을 때 어떻게 말해요?
How do you talk about what you're learning?

테니스 수업이 어떠세요?

렌핑	수잔 씨, 오늘 오후에 바쁘세요?
수잔	왜요?
렌핑	체육관에서 같이 탁구 칠까요?
수잔	미안해요. 오늘 테니스 수업이 있어요.
렌핑	테니스를 배우세요? 테니스 수업이 어떠세요?
수잔	어렵지만 재미있어요.

 다음을 이용해서 대화를 만들어 보세요.
Make a dialogue with the information below.

테니스	어렵다
수영	힘들다
기타	손이 아프다
한국 요리	수업료가 좀 비싸다

 반 친구들하고 자유롭게 이야기해 보세요. ▶ p.198
Discuss freely with your classmates.

친구가 할 줄 아는 운동이 뭔지 알고 싶을 때 어떻게 말해요?
How do you ask someone what sports they can do?

> 테니스 칠 줄 아세요?

한스	수잔 씨, 요즘 어떻게 지내세요?
수잔	잘 지내요. 요즘 테니스 배우러 다녀요.
한스	그러세요?
수잔	한스 씨는 테니스 칠 줄 아세요?
한스	네, 칠 줄 알아요.
수잔	그럼 나중에 우리 같이 테니스 쳐요.
한스	네, 좋아요.

 다음을 이용해서 대화를 만들어 보세요.
Make a dialogue with the information below.

 반 친구들하고 자유롭게 이야기해 보세요. ➡ p.198
Discuss freely with your classmates.

준비

선생님이 운동이나 악기와 관련된 카드를 벽에 붙이면, 할 줄 아는 활동이나 관심이 있는 카드 앞에 서세요.

활동

1. 같은 활동 카드 앞에 선 친구하고 이야기해 보세요.

2. 할 줄 모르지만 관심이 있는 활동이 있어요? 그걸 할 줄 아는 친구한테 물어보세요.

정리

친구하고 이야기한 활동들에 대해 이야기해 보세요.

읽기 전

한국에서 일하고 싶어요. 그럼 자기소개서를 써야 해요.

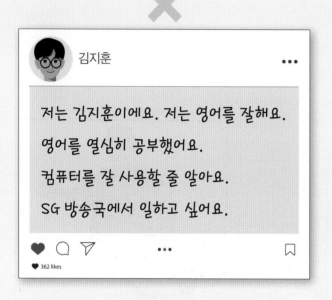

김지훈

저는 김지훈이에요. 저는 영어를 잘해요.
영어를 열심히 공부했어요.
컴퓨터를 잘 사용할 줄 알아요.
SG 방송국에서 일하고 싶어요.

362 likes

저는 김지훈입니다.

저는 영어를 잘합니다.

영어를 열심히 공부했습니다.

컴퓨터를 잘 사용할 줄 압니다.

SG 방송국에서 일하고 싶습니다.

김지훈 씨는 방송국에서 일하고 싶어요. 그래서 지금 자기소개서를 써요.

채용

읽기

김지훈 씨는 무엇을 할 줄 알아요?

자기소개서

김지훈

저는 김지훈입니다. SG 방송국에서 일하고 싶습니다. 저는 신문방송학을 전공했습니다. 그래서 방학 때 방송국에서 인턴을 했습니다.

저는 고등학교 때부터 다른 나라 문화에 관심이 많았습니다. 그래서 대학교 1학년 때 1년 동안 미국에서 영어를 공부했습니다. 영어 뉴스를 듣고 이해할 수 있습니다. 그리고 저는 1년 동안 중국어 학원에 다녔습니다. 그래서 중국어도 할 줄 압니다.

여러 가지 컴퓨터 프로그램도 잘 사용할 줄 압니다. 특히 편집을 잘합니다.

SG 방송국에서 좋은 방송을 만들고 싶습니다. 잘 부탁드립니다.

E-mail : jhkim0815@amail.com

김지훈 Kim, Jihun

가 김지훈 씨가 자기소개서에 무엇을 썼어요? ✓하세요.

What did Kim Jihun write in his personal essay? Check the right answers.

자기소개	✓ 이름	☐ 나이	
	☐ 전공	☐ 취미	☐ 인턴
뭐 할 줄 알아요?	☐ 운동	☐ 외국어(영어, 중국어)	☐ 컴퓨터

나 친구하고 질문하고 답하세요.

Ask and answer the questions with your classmates.

1. 김지훈 씨는 무엇을 전공했습니까?

2. 김지훈 씨는 영어를 잘합니까?

3. 김지훈 씨는 어디에서 중국어를 배웠습니까?

4. 김지훈 씨는 컴퓨터를 잘합니까?

5. 김지훈 씨는 이 회사에서 일할 수 있습니까?
   여러분의 생각을 말해 보세요.

다 빈칸에 알맞은 단어를 쓰세요.

Fill in the blanks with the most appropriate words.

김지훈 씨는 신문방송학을 ㅈ_____. 그래서 방학 때 방송국에서 ㅇ_____을 했습니다.

김지훈 씨는 영어와 중국어를 할 줄 압니다. 여러 가지 컴퓨터 프로그램도 ㅅ_____ 줄 압니다.

특히 편집을 잘합니다. 김지훈 씨는 SG 방송국에서 좋은 ㅂ_____을 만들고 싶습니다.

라 **다음 단어를 연결해서 말해 보세요.**
Add appropriate markers where / is to make natural sentences. Then say them aloud.

1. 저 / 김지훈이다
   SG 방송국 / 일하고 싶다
   저 / 신문방송학 / 전공하다
   방학 때 방송국 / 인턴 / 하다

> 저는 김지훈입니다.
> SG 방송국에서 일하고 싶습니다.
> ...

2. 저 / 고등학교 때 / 다른 나라 문화 / 관심이 많다
   대학교 때 1년 동안 미국 / 영어 / 공부하다
   그리고 1년 동안 중국어 학원 / 다니다
   그래서 중국어 / 하다

3. 컴퓨터 프로그램 / 잘 사용하다
   특히 편집 / 잘하다

4. SG 방송국 / 좋은 방송 / 만들고 싶다

읽기 후

103쪽 내용을 이용해서 인터뷰를 해 보세요.
Use the information on p. 103 to do an interview.

> 무엇을 전공했습니까?

> 어느 나라 말을 할 줄 압니까?

> 얼마 동안 외국어를 배웠습니까?

> 또 무엇을 할 줄 압니까?

듣기 전

시간이 있을 때 뭐 해요?

듣기

요즘 수잔 씨는 테니스를 배우러 다녀요. 길에서 수잔 씨가 투안 씨를 만났어요.

테니스 레슨

주 2회(한 달 8회)

월요일/목요일 오후 5시 반
화요일/금요일 오전 7시, 오후 6시 반

위치 : 서강빌딩에서 100m

 수잔 씨가 왜 내일 투안 씨를 만나요?

가 맞으면 O, 틀리면 X 하세요.
Write O if the statement is true and X if it is false.

1. 수잔 씨는 지금 테니스장에 가요. ( )

2. 테니스장이 회사에서 가까워요. ( )

3. 수잔 씨는 매일 아침 테니스장에 가요. ( )

4. 투안 씨도 테니스를 칠 줄 알아요. ( )

5. 두 사람은 내일 테니스장에서 만날 거예요. ( )

나 친구하고 질문하고 답하세요.
Ask and answer the questions with your classmates.

1. 수잔 씨는 언제 테니스를 시작했어요?

2. 테니스장이 어디에 있어요?

3. 테니스장이 어때요?

4. 수잔 씨는 보통 언제 테니스장에 가요?

5. 수잔 씨는 어디에서 투안 씨를 만날 거예요?

다 잘 듣고 빈칸을 채우세요.
Listen carefully and fill in the blanks.

워크북
p.70

투안 : 안녕하세요, 수잔 씨? 지금 어디에 가세요?

수잔 : 테니스장에 가요. 제가 요즘 테니스를 배워요.

투안 : 아, 그래요? 테니스를 언제 1. _____?

수잔 : 지난달에 시작했어요.

투안 : 어디에서 배우세요?

수잔 : 회사 2. _____ 테니스장에서요.

라 대본을 실감나게 읽어 보세요. ➡ p.172
Read the script as realistically as possible.

마 잘 듣고 따라 하세요.
Listen carefully and repeat.

1. 일주일에 몇 번 가야 돼요?

2. 아침 일찍 가거나 퇴근 후에 가요.

바 요약문을 읽어 보세요.
Read the summary.

> 수잔 씨는 지난달에 테니스를 시작했어요. 회사 근처 테니스장에서 배워요. 일주일에 두 번 가요.
>
> 그 테니스장이 참 좋아요. 선생님도 친절하세요.
>
> 투안 씨도 테니스를 배우고 싶어요. 그래서 수잔 씨가 투안 씨한테 선생님을 소개해 줄 거예요.

듣기 후

 친구하고 한국어 수업에 대해서 이야기해 보세요.
Discuss your Korean class with your classmates.

한국어 공부를 언제 시작하셨어요?

어디에서 배우세요?

한국어 수업이 어때요?

단원 마무리

학습 목표

취미 말하기

문법

1. 동-(으)ㄹ 줄 알아요/몰라요
   A : 스키 탈 줄 알아요?
   B : 아니요, 스키 탈 줄 몰라요.

2. 동-거나
   A : 주말에 보통 뭐 해요?
   B : 책을 읽거나 영화를 봐요.

3. 동형-지만
   A : 떡볶이가 어때요?
   B : 맵지만 맛있어요.

어휘와 표현

말하기

운동과 악기

- 수영하다
- 야구하다
- 축구하다
- 농구하다
- 테니스를 치다
- 배드민턴을 치다
- 탁구를 치다
- 골프를 치다
- 자전거를 타다
- 스키를 타다
- 스케이트를 타다
- 스노보드를 타다
- 피아노를 치다
- 기타를 치다
- 하모니카를 불다
- 플루트를 불다

대화

- 시간이 있을 때 뭐 하세요?
- 힙합
- 클래식
- 재즈
- 케이팝
- 라틴 댄스
- 코미디 영화
- 액션 영화
- 공포 영화
- 애니메이션
- 힘들다
- 손이 아프다
- 수업료가 비싸다
- 요즘 어떻게 지내세요?
- 배우러 다니다

읽고 말하기

- 자기소개서
- 방송국
- 신문방송학
- 전공하다
- 인턴을 하다
- 고등학교
- 관심이 많다
- 학년
- 이해하다
- 학원에 다니다
- 프로그램
- 사용하다
- 특히
- 편집
- 방송
- 잘 부탁드립니다.

듣고 말하기

- 일주일에 몇 번
- 퇴근 후
- 소개해 주다
- 신촌 역 2번 출구

● 명사   ■ 동사   ▲ 형용사   ◆ 기타   □ 표현

확인

1. 취미 생활에 대해 말할 수 있어요.
   I can talk about my hobbies.
   ☆☆☆

2. 할 줄 아는 것과 모르는 것에 대해 말할 수 있어요.
   I can talk about what I know how to do and what I don't know how to do.
   ☆☆☆

6

이거보다 더 긴
우산이에요

묘사하기 | 비교하기

친구하고 말해 보세요.
Discuss with your classmates.

청소하고 있어요.

① 청소하다

② 이를 닦다

③ 거울을 보다

④ 점심을 먹다

⑤ 손을 씻다

⑥ 음악을 듣다

게임을 해 보세요.
Play the following game.

1. Ⓐ는 동사 카드를 보세요. 그리고 그 카드에 쓰여 있는 동사를 보고 행동으로 표현하세요.
2. Ⓑ하고 Ⓒ는 Ⓐ가 무엇을 하고 있는지 말하세요.

노래하고 있어요.　　　노래하고 있어요.

노래하다	춤을 추다
그림을 그리다	한국어를 가르치다
음악을 듣다	하모니카를 불다

 친구하고 말해 보세요.
Discuss with your classmates.

수영 못 해요.

① 수영하다(X)

② 운전하다(X)

③ 돈을 찾다(X)

④ 매운 음식을 먹다(X)

⑤ 테니스를 치다(X)

⑥ 걷다◎(X)

 친구하고 묻고 대답해 보세요.
Ask and answer the questions with your classmates.

운전할 줄 알아요?

아니요, 운전 못 해요.

스키를 탈 수 있어요?

아니요, 스키 못 타요.

운전할 줄 알아요?

스키를 탈 수 있어요?

아침에 일찍 일어날 수 있어요?

한국 노래를 할 줄 알아요?

같이 등산하러 갈 수 있어요?

어제 시험 준비 많이 했어요?

 친구하고 말해 보세요.
Discuss with your classmates.

북한산이 남산보다 더 높아요.

❶
북한산이 높다

❷
비빔밥이 비싸다

❸
읽기 시험이 쉽다

❹
편의점이 가깝다

❺
8월이 덥다

❻
코트가 얇다

 친구하고 묻고 대답해 보세요.
Ask and answer the questions with your classmates.

 사과하고 바나나 중에서 뭐가 더 맛있어요?

사과가 바나나보다 더 맛있어요.

☐ 사과	☐ 바나나	맛있다
☐ 축구	☐ 야구	재미있다
☐ 읽기	☐ 듣기	어렵다
☐ 부산	☐ 제주도	좋다
☐ 10월	☐ 12월	춥다
☐ 미나 씨	☐ 수잔 씨	머리가 길다

무슨 색이에요?

빨간색이에요.

빨간색

주황색

노란색

초록색

파란색

남색

보라색

하얀색

까만색

 게임을 해 보세요.

1. 색깔 글자 카드와 색깔 카드가 있어요.
2. Ⓐ가 색깔 글자 카드를 읽어요.
3. Ⓑ, Ⓒ, Ⓓ는 Ⓐ가 읽는 색깔 카드를 빨리 찾아요.

빨간색

빨간색

친구가 지금 뭐 하는지 말하고 싶을 때 어떻게 말해요?
How do you say what someone is doing right now?

완 씨가 거기에 있어요?

네, 지금 숙제하고 있어요.

바야르	여보세요, 앤디 씨. 지금 어디예요?
앤디	스터디 카페예요. 왜요?
바야르	혹시 완 씨가 거기에 있어요?
앤디	네, 지금 숙제하고 있어요.

 다음을 이용해서 대화를 만들어 보세요.
Make a dialogue with the information below.

완	가브리엘	수잔	렌핑
숙제하다	단어를 외우다	서류를 번역하다	비행기표를 찾아보다

 반 친구들하고 자유롭게 이야기해 보세요. ➡ p.199
Discuss freely with your classmates.

어떤 행동을 할 수 없었을 때 어떻게 말해요?
What do you say when you can't do something?

친구를 만났어요?

완　한스 씨, 어제 친구를 만났어요?

한스　아니요, 못 만났어요.

완　왜 못 만났어요?

한스　친구가 바빴어요. 그래서 못 만났어요.

다음을 이용해서 대화를 만들어 보세요.
Make a dialogue with the information below.

친구를 만나다
영화를 보다
테니스장에 가다
가브리엘 씨하고 축구하다
집에서 쉬다

친구가 바쁘다
숙제가 많다
일이 생기다
너무 춥다
회사에 가야 하다

반 친구들하고 자유롭게 이야기해 보세요. p.199
Discuss freely with your classmates.

식당에 우산을 찾으러 갔을 때 어떻게 말해요?
How do you say you went to the restaurant to look for your umbrella?

혹시 우산 못 보셨어요?

가브리엘	안녕하세요? 혹시 우산 못 보셨어요?
직원	잠깐만요. 무슨 색 우산이에요?
가브리엘	빨간색 우산이에요.
직원	혹시 이 우산이에요?
가브리엘	아니요, 이거보다 더 긴 우산이에요.

다음을 이용해서 대화를 만들어 보세요.
Make a dialogue with the information below.

우산

목도리

지갑

가방

반 친구들하고 자유롭게 이야기해 보세요. ➡ p.199
Discuss freely with your classmates.

준비

선생님에게 활동지를 한 장씩 받으세요. 먼저 내가 제일 좋아하는 것을 체크하세요.

☐ 삼겹살   ☐ 김치찌개   ☐ 김밥   ☐ 갈비탕

☐ 축구   ☐ 야구   ☐ 농구   ☐ 테니스

☐ 빨간색   ☐ 파란색   ☐ 하얀색   ☐ 초록색

활동

1. 반 친구들을 만나서 친구가 좋아하는 게 무엇인지 물어보세요. (음식, 운동, 색깔, 동물…)

2. 친구가 좋아하는 것에 표시하세요.

3. 반 친구들이 좋아하는 것 베스트3를 찾으세요.

저는 김치찌개를 삼겹살보다 더 좋아해요.

저는 돼지고기를 못 먹어요. 그리고 매운 음식을 좋아해요.

삼겹살하고 김치찌개 중에서 무슨 음식을 더 좋아해요?

왜요?

…

정리

반 친구들이 뽑은 베스트3에 대해서 이야기해 보세요.

읽기 전

여러분은 무슨 동물을 제일 좋아해요?

강아지

고양이

토끼

거북

호랑이

'토끼와 거북' 이야기를 알아요? 그림을 보고 이야기해 보세요.

읽기

 토끼하고 거북 중에서 누가 더 빨리 도착했어요?

옛날옛날에 토끼하고 거북이 살았어요. 어느 날 토끼가 친구를 만나러 가고 있었어요. 그때 거북이 토끼 앞에서 천천히 걸어가고 있었어요.

토끼가 거북을 봤어요. 그리고 "안녕하세요? 거북 씨, 어디에 가요?"라고 물어봤어요. "할머니를 만나러 할머니 집에 가요."라고 거북이 대답했어요. 토끼가 "거북 씨는 아주 느려요. 오늘 할머니 집에 도착할 수 있어요?"라고 말했어요. 그리고 크게 웃었어요. 거북은 기분이 나빴어요.

거북이 "토끼 씨, 우리 저기 산까지 달리기할까요? 제가 이길 수 있어요."라고 토끼한테 말했어요. "하하하, 저를 이길 수 있어요? 좋아요. 달리기해요. 거북 씨는 저를 못 이길 거예요."라고 토끼가 대답했어요.

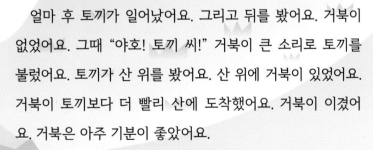

토끼하고 거북은 달리기를 시작했어요. 토끼는 거북보다 아주 빨랐어요. 빨리 뛰어갔어요. 하지만 거북은 느렸어요. 천천히 걸어갔어요.

토끼가 뒤를 봤어요. 저기 아래에서 거북이 아주 천천히 오고 있었어요. 토끼는 '아, 재미없어요. 거북 씨는 정말 느려요. 여기에서 잠깐 낮잠을 잘 거예요.'라고 생각했어요. 그리고 토끼는 나무 아래에서 낮잠을 잤어요. 하지만 거북은 쉬지 않았어요. 열심히 걸었어요.

얼마 후 토끼가 일어났어요. 그리고 뒤를 봤어요. 거북이 없었어요. 그때 "야호! 토끼 씨!" 거북이 큰 소리로 토끼를 불렀어요. 토끼가 산 위를 봤어요. 산 위에 거북이 있었어요. 거북이 토끼보다 더 빨리 산에 도착했어요. 거북이 이겼어요. 거북은 아주 기분이 좋았어요.

가 다음 말을 누가 했어요? 찾으세요.
Who said the following sentences? Find the person.

1. "어디에 가요?"
2. "할머니를 만나러 할머니 집에 가요."
3. "오늘 할머니 집에 도착할 수 있어요?"
4. "우리 저기 산까지 달리기할까요?"
5. "제가 이길 수 있어요."
6. "저를 이길 수 있어요?"

나 친구하고 질문하고 답하세요.
Ask and answer the questions with your classmates.

1. 토끼가 거북을 만났어요. 토끼는 어디에 가고 있었어요?

2. 거북은 왜 기분이 나빴어요?

3. 처음에 누가 빨랐어요?

4. 토끼는 왜 낮잠을 잤어요?

5. 거북은 왜 기분이 좋았어요?

다 빈칸에 알맞은 단어를 쓰세요.
Fill in the blanks with the most appropriate words.

옛날옛날에 토끼와 거북이 살았어요. 어느 날 토끼가 거북을 봤어요. 토끼가 거북한테 "어디에 가요?"라고 ㅁ_____. 거북이 "할머니를 만나러 할머니 집에 가요."라고 ㄷ_____. 토끼가 거북한테 "거북 씨는 아주 ㄴ_____."라고 말하고 크게 웃었어요.

거북이 토끼에게 "달리기할까요?"라고 했어요. 그래서 토끼하고 거북은 달리기를 시작했어요. 토끼는 거북보다 아주 ㅃ_____. 토끼는 '아, 재미없어요. 낮잠을 잘 거예요.'라고 생각했어요. 거북은 쉬지 않았어요. 열심히 걸었어요. 거북이 토끼보다 더 빨리 산에 도착했어요. 거북이 ㅇ_____.

라 다음 그림을 보고 이야기해 보세요.
Look at the following pictures and discuss with your classmates.

옛날옛날에 …
어느 날 토끼가 -고 있었어요
그때 거북이 -고 있었어요

토끼가 " … "라고 물어봤어요.
거북이 " … "라고 대답했어요.
거북이 기분이 …
거북이 토끼한테 " … "라고
말했어요.

토끼하고 거북은
달리기를 시작했어요.
토끼가 …
하지만 거북은 …

토끼가 ' … '라고 생각했어요.
거북은 -지 않았어요
얼마 후 토끼가 …

그때 거북이 큰 소리로 토끼를
불렀어요. 거북이 이겼어요.

읽기 후

여러분이 거북이라면 토끼가 잘 때 어떻게 할 거예요? 친구하고 이야기해 보세요.
If you were the tortoise, what would you do while the hare was sleeping? Discuss with your classmates.

듣기 전

여러분은 물건을 잃어버린 경험이 있어요? 그때 어떻게 했어요?

듣기

여기는 신촌 역이에요. 완 씨가 물건을 잃어버렸어요.

 완 씨가 무엇을 찾고 있어요? 무슨 색이에요?

가 맞으면 O, 틀리면 X 하세요.
Write O if the statement is true and X if it is false.

1. 완 씨 친구가 약속 장소에서 완 씨를 기다리고 있어요.　　(　　)

2. 완 씨가 신촌 역을 찾고 있어요.　　(　　)

3. 완 씨 지갑은 까만색 작은 지갑이에요.　　(　　)

4. 직원이 완 씨 지갑을 가지고 있었어요.　　(　　)

5. 완 씨는 지갑을 찾으러 유실물 센터에 갔어요.　　(　　)

나 친구하고 질문하고 답하세요.
Ask and answer the questions with your classmates.

1. 완 씨가 왜 약속 장소에 안 갔어요?

2. 완 씨가 어디에서 지갑을 찾고 있어요?

3. 완 씨 지갑은 어떤 지갑이에요?

4. 완 씨 지갑 안에 뭐가 있어요?

5. 유실물 센터가 어디에 있어요?

다 잘 듣고 빈칸을 채우세요.
Listen carefully and fill in the blanks.

워크북
p.80

지훈 : 완 씨, 왜 안 와요? 모두 완 씨를 기다리고 있어요.

완 　: 저, 미안해요. 제가 지갑을 잃어버렸어요. 그래서 지갑을 1. ＿＿＿＿＿＿＿ 있어요.

지훈 : 지갑요? 지금 어디예요?

완 　: 신촌 역이에요.

지훈 : 그럼 지하철역 안에 사무실이 있어요. 거기 직원한테 한번 2. ＿＿＿＿＿＿.

완 　: 네, 고마워요.

라 대본을 실감나게 읽어 보세요. ➡ p.172
Read the script as realistically as possible.

마 잘 듣고 따라 하세요.
Listen carefully and repeat.

1. 저기 죄송한데요, 지갑을 잃어버렸어요.

2. 잠깐만요.

바 요약문을 읽어 보세요.
Read the summary.

> 완 씨가 지갑을 잃어버렸어요. 그래서 신촌 역에서 지갑을 찾고 있었어요. 지훈 씨가 완 씨한테 "지하철역 직원한테 물어보세요."라고 했어요.
>
> 완 씨가 지하철역 안 사무실에 갔어요. 그리고 직원한테 "지갑을 잃어버렸어요. 작은 지갑이에요. 까만 색이에요. 지갑 안에 학생증하고 카드하고 돈이 있어요."라고 말했어요. 그런데 거기에 완 씨 지갑이 없었어요.

듣기 후

 지하철역에서 물건을 잃어버렸어요. 완 씨와 직원처럼 대화해 보세요.
Wan lost an item in the subway station. Do a Role-Play with the subway station employee.

단원 마무리

학습 목표

묘사하기, 비교하기

문법

1. 동-고 있어요

A : 지금 뭐 하고 있어요?
B : 친구하고 커피 마시고 있어요.

2. 못 동

A : 앤디 씨, 피아노 칠 줄 알아요?
B : 네, 그런데 지금은 못 쳐요.

3. 명보다 더

A : 버스하고 지하철 중에서 뭐가 더 빨라요?
B : 지하철이 버스보다 더 빨라요.

어휘와 표현

말하기

색깔
- ● 빨간색
- ● 주황색
- ● 노란색
- ● 초록색
- ● 파란색
- ● 남색
- ● 보라색
- ● 하얀색
- ● 까만색
- □ 무슨 색이에요?

문법
- ◆ 이를 닦다
- ◆ 손을 씻다
- ◆ 그림을 그리다
- ● 코트
- ▲ 얇다

대화
- ● 단어
- ■ 외우다
- ■ 번역하다
- ■ 찾아보다
- ◆ 일이 생기다
- □ 잠깐만요.
- □ 무슨 색 우산이에요?
- ◆ 이 우산
- ◆ 이거
- ● 목도리

읽고 말하기
- ● 토끼
- ● 거북
- ◆ 옛날옛날에
- ◆ 어느 날
- ◆ 그때
- ◆ 천천히
- ■ 걸어가다
- ■ 물어보다
- ◆ 크게
- ■ 웃다
- ◆ 기분이 나쁘다
- ■ 달리기하다
- ◆ 빨리
- ■ 뛰어가다
- ■ 생각하다
- ◆ 열심히
- ◆ 얼마 후
- □ 야호!
- ● 소리
- ■ 부르다

듣고 말하기
- ■ 잃어버리다
- ● 사무실
- □ 한번 물어보세요.
- □ 저기 죄송한데요,
- ● 학생증
- □ 혹시 이거예요?
- ◆ 유실물 센터
- ◆ 전화를 받다
- ◆ 시청 역

● 명사　■ 동사　▲ 형용사　◆ 기타　□ 표현

확인

1. 현재 하고 있는 행동을 말할 수 있어요.
I can say what I am doing right now.

2. 물건을 묘사하고 다른 것과 비교할 수 있어요.
I can describe an object and compare it with something else.

여가 생활
Leisure Activities

영화 보기

자전거 타기

축구 보기

야구 보기

한국인들은 시간이 있을 때 무엇을 할까요?
가족, 친구들과 영화나 공연을 봐요. 또 공원에서 같이 산책하거나 자전거를 타요. 축구, 야구, 농구 등 스포츠를 좋아하는 사람들은 직접 하기도 하고 스포츠를 보러 가기도 해요. 그리고 친구들과 노래방에 가거나 PC방에서 게임을 해요. 집에서는 영화나 드라마를 보고 음악도 들어요. 그리고 요즘은 SNS도 많이 해요.

EN
CN
JP
TH
translation

노래방 가기

watch a MOVIE

영화나 드라마 보기

SNS하기

PC방에서 게임하기

맛집 좀 추천해 주세요

요청하기   경험 말하기

사진 좀 찍어 주세요.

네.

 친구하고 말해 보세요.
Discuss with your classmates.

포장해 주세요.

 ① 포장하다

② 창문을 닫다

 ③ 기다리다

④ 에어컨을 켜다

 ⑤ 이름을 쓰다✿

 ⑥ 돕다✿

 카드를 보고 친구에게 부탁해 보세요.
Read each card and ask your classmate for a favor.

교실이 너무 더워요.
창문 좀 열어 주세요.

네.

교실이 너무 더워요.

숙제를 몰라요.

볼펜이 없어요.

약속 시간에 좀 늦을 거예요.

〈A/S센터〉 핸드폰이 고장 났어요.

미안해요. 잘 못 들었어요.

 친구하고 말해 보세요.
Discuss with your classmates.

계산해 드릴게요.

❶
계산하다

❷
커피를 사다

❸
사진을 찍다

❹
가방을 들다

❺
누르다✪

❻
돕다✪

 카드를 보고 이야기해 보세요.
Read each card and discuss with your classmates.

 좀 추워요.

그래요?
에어컨을 꺼 드릴게요.

좀 추워요.

춤을 배우고 싶어요.

여기 너무 어두워요.

지갑을 안 가지고 왔어요.

우산이 없어요.

주말에 이사할 거예요.

 친구하고 말해 보세요.
Discuss with your classmates.

외국에서 운전해 봤어요.

①
외국에서 운전하다

②
찜질방에 가다

③
막걸리를 마시다

④
한복을 입다

⑤
한국 노래를 듣다✪

⑥
한국 영화를 보다✪

 친구하고 묻고 대답해 보세요.
Ask and answer the questions with your classmates.

 번지 점프를 해 봤어요?

네, 해 봤어요.

아니요, 못 해 봤어요.

번지 점프를 하다

혼자 여행하다

낚시하다

유명한 사람을 만나다

한국 책을 읽다

김치를 만들다

요청 사항을 말하고 싶을 때 어떻게 말해요?
What do you say when you have a request?

앤디	여기요, 순두부찌개 하나 주세요.
직원	네.

···

앤디	저, 죄송하지만 자리 좀 바꿔 주세요. 너무 추워요.
직원	네, 알겠습니다.
앤디	감사합니다.

 다음을 이용해서 대화를 만들어 보세요.
Make a dialogue with the information below.

자리(를) 바꾸다
테이블(을) 닦다
오이(를) 빼다
포장(을) 하다

너무 춥다
조금 지저분하다
오이를 못 먹다
다 먹을 수 없다

 역할극을 해 보세요. ➡ p.200
Do a role-play activity.

서강 식당

순두부찌개
10,000원

잔치국수
8,000원

비빔밥
10,000원

비빔국수
8,000원

김치볶음밥
9,000원

라면
6,000원

김밥
5,000원

떡볶이
6,500원

물, 반찬은 셀프

친구에게 부탁하고 싶을 때 어떻게 말해요?
How do you ask someone for a favor?

앤디	미나 씨, 저 ….
미나	네, 앤디 씨. 왜요?
앤디	다음 주에 친구가 한국에 와요. 맛집 좀 추천해 주세요.
미나	네, 알겠어요. 그런데 지금은 좀 바빠요.
	조금 이따가 추천해 드릴게요.
앤디	고마워요.

 다음을 이용해서 대화를 만들어 보세요.
Make a dialogue with the information below.

다음 주에 친구가 한국에 오다
친구한테 서울을 안내해야 하다
콘서트 표를 사고 싶다
한국어로 자기소개서를 썼다

맛집(을) 추천하다
좋은 곳(을) 가르치다
예매(를) 돕다
한번 확인(을) 하다

 반 친구들하고 자유롭게 이야기해 보세요. ▶ p.200
Discuss freely with your classmates.

친구의 경험에 대해 알고 싶을 때 어떻게 말해요?
How do you ask someone about their experiences?

비빔밥 먹어 봤어요?

가브리엘	바야르 씨, 비빔밥 먹어 보셨어요?
바야르	네, 먹어 봤어요. 가브리엘 씨는요?
가브리엘	아직 못 먹어 봤어요.
	바야르 씨가 맛있는 식당 좀 소개해 주세요.
바야르	네, 제가 알려 드릴게요.
가브리엘	고마워요.

다음을 이용해서 대화를 만들어 보세요.
Make a dialogue with the information below.

비빔밥(을) 먹다
한국 책(을) 읽다
한국 노래(를) 듣다
부산에 가다
한국 드라마(를) 보다

맛있는 식당(을) 소개하다
쉬운 책(을) 추천하다
좋은 노래(를) 추천하다
좋은 곳(을) 알리다
재미있는 드라마(를) 소개하다

 반 친구들하고 자유롭게 이야기해 보세요. ➡ p.200
Discuss freely with your classmates.

준비

선생님이 테이블마다 주제 카드를 놓으면 관심 있는 주제 카드가 있는 곳에 가서 앉으세요.

 영화, 드라마

 여행

 음식

활동

1. 주제와 관련된 경험에 대해 자유롭게 이야기하세요.

2. 10~15분 후에 다른 주제 테이블로 가세요.

정리

친구가 경험한 것 중에서 무엇을 해 보고 싶어요? 이야기해 보세요.

읽기 전

여러분은 요리를 좋아해요? 한국 음식을 만들어 봤어요?

완 씨가 미나 씨 어머니한테서 요리를 배웠어요.

간장　　설탕　　참기름　　당근　　양파　　파　　마늘　　소고기

넣어요　　　　섞어요　　　　볶아요

읽기

 완 씨는 무슨 음식을 만들었어요?

　　지난 주말에 완 씨는 반 친구들하고 미나 씨 집에 놀러 갔습니다. 미나 씨 어머니가 한국 음식을 만들어 주셨습니다. 완 씨는 친구들하고 음식을 맛있게 먹었습니다. 특히 불고기가 맛있었습니다. 그래서 완 씨는 미나 씨 어머니한테 부탁했습니다.

　　"불고기가 참 맛있어요. 어떻게 만들어요? 좀 가르쳐 주세요."

　　"그래요? 언제든지 오세요. 가르쳐 드릴게요."

　　며칠 후에 완 씨는 불고기를 배우러 미나 씨 집에 갔습니다. 완 씨는 미나 씨 어머니하고 같이 불고기를 만들었습니다.

　　먼저 간장에 설탕, 참기름, 마늘을 넣고 섞었습니다. 그리고 소고기에 그 간장을 넣고 30분쯤 기다렸습니다. 그다음에 고기를 당근, 양파, 파하고 같이 볶았습니다. 완 씨 불고기는 조금 짰지만 미나 씨 어머니 불고기는 달고 아주 맛있었습니다. 완 씨는 이제 불고기를 잘 만들 수 있습니다. 그래서 아주 기뻤습니다.

　　미나 씨 어머니가 말씀하셨습니다.

　　"완 씨, 혹시 태국 음식을 만들 줄 알아요? 저도 좀 가르쳐 주세요."

　　"그럼요! 다음에는 제가 태국 음식을 가르쳐 드릴게요."

가 요리 순서를 찾으세요.
Put the recipe steps in order.

(   )   (**1**)   (   )   (   )

고기를 당근, 양파, 파하고 같이 볶아요.

간장에 설탕, 참기름, 마늘을 넣고 섞어요.

30분쯤 기다려요.

고기에 그 간장을 넣어요.

나 친구하고 질문하고 답하세요.
Ask and answer the questions with your classmates.

1. 완 씨는 지난 주말에 뭐 했어요?

2. 누가 완 씨한테 불고기를 가르쳐 줬어요?

3. 불고기를 어떻게 만들어요?

4. 불고기 맛이 어땠어요? (완 씨, 미나 씨 어머니)

5. 두 사람은 다음에 무슨 음식을 만들 거예요?

다 빈칸에 알맞은 단어를 쓰세요.
Fill in the blanks with the most appropriate words.

완 씨는 지난 주말에 미나 씨 집에 ㄴ_____ 갔습니다. 미나 씨 어머니께서 맛있는 한국 음식을 ㅁ_____ 주셨습니다. 완 씨는 불고기가 아주 맛있었습니다. 그래서 완 씨는 미나 씨 어머니한테 부탁했습니다. "불고기 좀 ㄱ_____ 주세요." 며칠 후에 완 씨는 미나 씨 어머니한테서 불고기를 ㅂ_____.

미나 씨 어머니도 완 씨한테 부탁했습니다. "저도 태국 음식을 배우고 싶어요." 완 씨가 대답했습니다. "네, 제가 가르쳐 ㄷ_____."

라 다음 그림을 보세요. 불고기를 어떻게 만들어요? 이야기해 보세요.
Look at the following pictures. How do you make bulgogi? Discuss with your classmates.

준비해요

먼저 …

그리고 …

그다음에 …

읽기 후

 요리를 좋아해요? 무슨 음식을 만들어 봤어요? 친구하고 이야기해 보세요.
Do you like to cook? What dishes have you made? Discuss with your classmates.

무슨 요리를 할 줄 알아요?

어떻게 만들어요?

저는 요리를 잘 못해요.
하지만 샌드위치를 자주 만들어요.

빵에 치즈를 넣고 …

듣기 전

여러분은 한국 식당에 가 봤어요? 여러분 나라하고 뭐가 달라요?

듣기

바야르 씨는 가브리엘 씨하고 한국 식당에 갔어요.

두 사람은 무슨 음식을 시켰어요? (3개)

☐ 삼겹살　　　☐ 갈비　　　☐ 김치찌개　　　☐ 된장찌개　　　☐ 냉면

가 맞으면 O, 틀리면 X 하세요.

Write O if the statement is true and X if it is false.

1. 가브리엘 씨는 삼겹살을 못 먹어 봤어요.   (   )

2. 바야르 씨가 삼겹살을 구웠어요.   (   )

3. 직원이 반찬을 더 가지고 왔어요.   (   )

4. 된장찌개가 맵지 않아요.   (   )

5. 가브리엘 씨가 냉면을 잘랐어요.   (   )

나 친구하고 질문하고 답하세요.

Ask and answer the questions with your classmates.

> 1. 두 사람은 삼겹살을 먹어 봤어요?

> 2. 가브리엘 씨가 "빨리 시킬까요?"라고 말했어요. 왜요?

> 3. 반찬을 더 먹고 싶어요. 어떻게 해야 해요?

> 4. 식사 메뉴에 뭐가 있어요?

> 5. 바야르 씨가 "가위 좀 주세요."라고 말했어요. 직원이 뭐라고 대답했어요?

다 잘 듣고 빈칸을 채우세요.

Listen carefully and fill in the blanks.

워크북
p.94

바야르 : 저기요, 테이블 좀 닦아 주세요.

직원 : 네, 알겠습니다. 메뉴판 여기 있어요. 뭐 1. _____?

바야르 : 잠깐만 기다려 주세요.

가브리엘 씨, 혹시 삼겹살 먹어 봤어요?

가브리엘 : 아니요, 못 먹어 봤어요. 맛있어요?

바야르 : 네, 아주 맛있어요. 한번 2. _____ 보세요.

라 대본을 실감나게 읽어 보세요. ➡ p.173
Read the script as realistically as possible.

마 잘 듣고 따라 하세요.
Listen carefully and repeat.

1. 저기요, 삼겹살 2인분 주세요.

2. 아니요, 못 먹어 봤어요.

바 요약문을 읽어 보세요.
Read the summary.

> 바야르 씨하고 가브리엘 씨는 식당에 갔어요. 바야르 씨는 삼겹살을 먹어 봤지만 가브리엘 씨는 삼겹살을 못 먹어 봤어요. 두 사람은 삼겹살 2인분을 주문했어요. 그리고 된장찌개하고 냉면도 주문했어요.

듣기 후

손님과 식당 직원이 되어 이야기해 보세요.
Do a Role-Play between a restaurant employee and a customer.

단원 마무리

학습 목표

요청하기, 경험 말하기

문법

1. 동-아/어 주세요	A : 사진 좀 찍어 주세요. B : 네.	
2. 동-아/어 드릴게요	A : 문을 열어 드릴게요. B : 감사합니다.	
3. 동-아/어 봤어요	A : 갈비 먹어 봤어요? B : 아니요, 못 먹어 봤어요.	

어휘와 표현

말하기

한국 음식
- 순두부찌개
- 비빔밥
- 김치볶음밥
- 김밥
- 잔치국수
- 비빔국수
- 라면
- 떡볶이

문법
- 포장하다
- 켜다
- 돕다
- A/S 센터
- 고장 났어요.
- 계산하다
- 가방을 들다
- 누르다
- 끄다
- 어둡다
- 가지고 오다
- 외국
- 찜질방
- 번지 점프를 하다
- 낚시하다

대화
- 자리를 바꾸다
- 테이블을 닦다
- 지저분하다
- 오이를 빼다
- 다 먹을 수 없다
- 맛집
- 추천하다
- 이따가
- 예매
- 확인(을) 하다
- 소개하다
- 알리다

읽고 말하기

- 만들어 주셨습니다.
- 불고기
- 부탁하다
- 언제든지
- 며칠 후
- 먼저
- 간장
- 설탕
- 참기름
- 마늘
- 넣다
- 섞다
- 소고기
- 당근
- 양파
- 파
- 볶다
- 기쁘다
- 말씀하셨습니다.

듣고 말하기

- 메뉴판
- A : 뭐 주문하시겠어요?
B : 잠깐만 기다려 주세요.
- 삼겹살
- 시키다
- 배가 고프다
- 2인분
- 굽다
- 저기요!
- 반찬
- 반찬은 셀프예요.
- 셀프 코너
- 제가 가지고 올게요.
- 식사는 뭘로 하시겠어요?
- 한번 드셔 보세요.
- 식사가 나오다
- 자르다

● 명사　■ 동사　▲ 형용사　◆ 기타　□ 표현

확인

1. 다른 사람에게 원하는 것을 요청할 수 있어요.
   I can ask someone for something that I want.　

2. 다른 사람에게 필요한 것을 해 줄 수 있어요.
   I can tell someone I will do what they need.　☆☆☆

3. 서로의 경험을 묻고 대답할 수 있어요.
   I can ask and answer questions about personal experiences.　☆☆☆

8

말하기 수업이
재미있어서 좋았어요

이유 말하기　　계획 말하기

 친구하고 말해 보세요.
Discuss with your classmates.

떡볶이를 좋아해서 자주 먹어요.

❶  →

떡볶이를 좋아하다　　　자주 먹다

❷  →

머리가 아프다✪　　　약을 먹었다

❸  →

시간이 없다　　　숙제를 못 했다

❹  →

내일 친구가 한국에 오다　　　공항에 가야 하다

 친구하고 묻고 대답해 보세요.
Ask and answer the questions with your classmates.

 왜 피곤해요?

어제 늦게 자서 피곤해요.

왜 아침을 안 먹었어요?

 늦게 일어나서 못 먹었어요.

왜 피곤해요?

왜 아침을 안 먹었어요?

왜 약속 장소에 늦게 왔어요?

왜 기분이 좋아요?

왜 어제 학교에 안 왔어요?

왜 한국어를 배워요?

 친구하고 말해 보세요.
Discuss with your classmates.

> 한국 음악을 좋아하지요?

❶

한국 음악을 좋아하다

❷

한국어 공부가 재미있다

❸

서울에 카페가 많다

❹

요즘 바쁘다

❺

어제 7과를 배웠다

❻

어제 숙제가 있었다

 친구하고 묻고 대답해 보세요.
Ask and answer the questions with your classmates.

> 오늘 날씨가 좋지요?

> 네, 날씨가 좋아요.

> 주말에 바쁘지요?

> 네, 아르바이트를 해야 해요.

> 오늘 날씨 …?

> 주말에 …?

> 한국어 공부 …?

> 한국 음식 …?

> 오늘 오후에 …?

> 어제 …?

151

방학 때 뭐 할 거예요?

여행을 가려고 해요.

 친구하고 말해 보세요.
Discuss with your classmates.

친구를 만나려고 해요.

① 친구를 만나다

② 운전을 배우다

③ 한국 책을 읽다

④ 새 집을 찾다

⑤ 공원에서 걷다✪

⑥ 친구들하고 놀다✪

 친구하고 묻고 대답해 보세요.
Ask and answer the questions with your classmates.

수업 후에 뭐 할 거예요?

카페에서 공부하려고 해요.

집에서 쉬려고 해요.

수업 후에 뭐 할 거예요?

내일 뭐 할 거예요?

주말에 뭐 하려고 해요?

다음 학기에도 한국어를 배워요?

언제까지 한국에 있을 거예요?

내년에 특별한 계획이 있어요?

친구가 숙제를 했는지 확인하고 싶을 때 어떻게 말해요?
What do you say to check whether someone did their homework?

한스	하루카 씨, 숙제했지요?
하루카	아니요, 못 했어요.
한스	왜요?
하루카	시간이 없어서 못 했어요.
한스	그래요? 저도 다 못 했어요. 오늘 같이 할까요?
하루카	좋아요. 같이 해요.

 다음을 이용해서 대화를 만들어 보세요.
Make a dialogue with the information below.

숙제하다	시간이 없다
인터뷰 준비하다	너무 피곤하다
졸업식 공연 연습하다	일이 생기다
시험공부하다	다른 일이 있다

 반 친구들하고 자유롭게 이야기해 보세요. ➡ p.201
Discuss freely with your classmates.

이번 학기가 어땠는지 알고 싶을 때 어떻게 말해요?
How do you ask how this semester was?

사라	렌핑 씨, 이번 학기가 어땠어요?
렌핑	아주 좋았어요.
사라	뭐가 제일 좋았어요?
렌핑	말하기 수업이 재미있어서 좋았어요.
사라	저도요. 그런데 저는 일찍 일어나야 해서 좀 힘들었어요.

 다음을 이용해서 대화를 만들어 보세요.
Make a dialogue with the information below.

말하기 수업이 재미있다
좋은 친구들을 많이 만나다
말하기 연습을 많이 할 수 있다

일찍 일어나야 하다
숙제가 많다
한국어가 프랑스어하고 많이 다르다

 반 친구들하고 자유롭게 이야기해 보세요. ➡ p.201
Discuss freely with your classmates.

154

방학 계획에 대해 말하고 싶을 때 어떻게 말해요?
How do you talk about your plans for school vacation?

방학 때 …?

앤디	이번 학기가 벌써 다 끝났어요.
바야르	네, 시간이 정말 빨라요.
앤디	바야르 씨는 방학 때 뭐 할 거예요?
바야르	저는 고향에 갔다 올 거예요. 앤디 씨는요?
앤디	저는 부산에 여행 가려고 해요.
바야르	아, 그래요? 앤디 씨, 그럼 방학 잘 보내세요.

 다음을 이용해서 대화를 만들어 보세요.
Make a dialogue with the information below.

> 부산에 여행 가다
>
> 영어를 가르치다
>
> 집에서 쉬다
>
> 서울 여기저기를 구경하다

 반 친구들하고 자유롭게 이야기해 보세요. ➡ p.201
Discuss freely with your classmates.

준비

그림 카드를 보세요.

활동

1. 그룹 친구들과 앤디의 이야기를 만드세요.

2. 발표를 준비하세요. 그리고 앤디의 이야기를 반 친구들에게 발표하세요.

* 각 그림 카드에서 앤디 씨가 뭐 하고 있어요? 메모하세요.

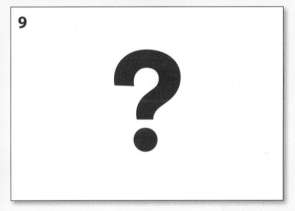

정리

새로 알게 된 표현을 정리해 보세요.

읽기 전

언제 한국어 공부를 시작했어요? 한국어 공부가 어때요?

앤디 씨가 학교 생활에 대해 브이로그를 찍으려고 해요.

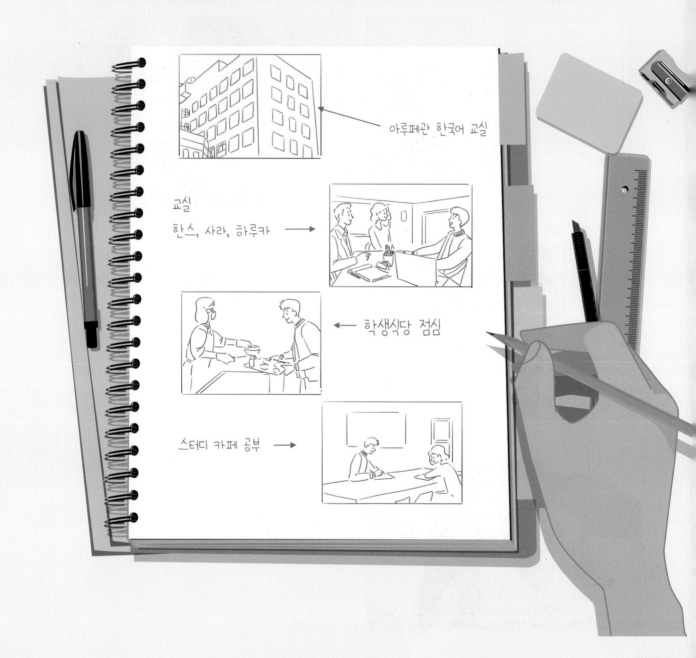

읽기

📖 앤디 씨는 방학 때 뭐 할 거예요?

안녕하세요? 오늘은 제 학교 생활을 소개해 드릴게요. 저는 작년에 미국에서 한국어 공부를 시작했지만 너무 어려워서 잘 못했어요. 그래서 세 달 전에 한국어를 배우러 한국에 왔어요. 처음에는 친구들하고 영어로 이야기했어요. 그런데 이제 한국어로 이야기할 수 있어요.

여기 보세요. 빨간색 건물이 있지요? 여기에서 한국어를 배워요. 이 건물 안에 교실, 사무실, 휴게실, 스터디 카페가 있어요. 우리 반 교실은 8층에 있어요. 여기가 교실이에요. 9시부터 1시까지 여기에서 공부해요.

우리 반 친구들이에요. 이분은 한스 씨예요. 한스 씨는 아주 부지런해요. 오전에 한국어를 배우고 오후에 회사에 가요. 휴일에는 등산하거나 수영해요. 이분은 사라 씨예요. 사라 씨는 한국 영화를 아주 좋아해요. 한국 영화 배우 이름을 거의 다 알아요. 하루카 씨는 우리 반에서 한국어를 제일 잘해요. 정말 똑똑하고 친절해요.

수업 후에 학생 식당에 가요. 메뉴가 매일 다르고 가격이 싸서 여기에 자주 가요. 점심 식사 후에는 운동해요. 가끔 가브리엘 씨, 렌핑 씨하고 축구를 하거나 수잔 씨하고 테니스를 쳐요.

시험 전에는 반 친구들하고 스터디 카페에 가요. 여기에서 같이 공부해요.

이번 학기가 다음 주에 끝나요. 방학 때 한국 친구들하고 부산에 여행 갈 거예요. 부산에서 여기저기 구경하고 맛있는 음식도 먹으려고 해요. 한국 생활이 바쁘지만 진짜 즐거워요. 다음에는 부산 여행도 소개할게요.

가 앤디 씨 반 친구들이에요. 이분이 누구예요? 이름을 쓰세요.
These are Andy's classmates. Who is this person? Write his name.

❶ 오전에 공부하고 오후에 일해요. 아주 부지런한 사람이에요. ( )

❷ 한국 영화를 좋아해요. 한국 영화 배우 이름을 많이 알아요. ( )

❸ 한국어를 아주 잘해요. 아주 똑똑하고 친절해요. ( )

❹ 앤디 씨하고 가끔 축구를 해요. (,)

가브리엘   렌핑   사라   하루카   한스

나 친구하고 질문하고 답하세요.
Ask and answer the questions with your classmates.

1. 앤디 씨는 언제 한국에 왔어요?

2. 앤디 씨 반 친구들을 소개해 주세요.

3. 앤디 씨는 왜 학생 식당에 자주 가요?

4. 앤디 씨는 점심 식사 후에 뭐 해요?

5. 앤디 씨는 방학 때 뭐 할 거예요?

다 빈칸에 알맞은 단어를 쓰세요.
Fill in the blanks with the most appropriate words.

　　앤디 씨는 세 달 전에 한국어를 　ㅂ＿＿＿＿＿　 한국에 왔어요. 처음에는 친구들하고 영어로 이야기했어요. 하지만 지금은 한국어로 　ㅇ＿＿＿＿＿　 수 있어서 좋아요.

　　앤디 씨는 빨간색 건물 8층에서 한국어를 배워요. 수업 후에는 보통 학생 식당에서 점심 식사를 해요. 매일 메뉴가 　ㄷ＿＿＿＿＿　 가격이 　ㅆ＿＿＿＿＿　 자주 가요. 점심 식사 후에는 운동해요. 그리고 시험 전에는 반 친구들하고 같이 공부도 해요.

　　방학 때는 한국 친구들하고 부산에서 여기저기 　ㄱ＿＿＿＿＿　 맛있는 음식도 먹으려고 해요.

라 다음 그림을 보고 이야기해 보세요.
Look at the following pictures and discuss with your classmates.

교실

학생 식당

스터디 카페

여기에서 한국어를 배워요.
이 건물 안에 교실, 사무실,
스터디 카페가 있어요.

읽기 후

언제 한국어 공부를 시작했어요? 한국어 공부가 어때요? 친구들하고 이야기해 보세요.
그리고 친구들하고 브이로그를 찍어 보세요.
When did you start studying Korean? How is studying Korean? Discuss with your classmates.
Then shoot a vlog with them.

언제 한국에 왔어요? 왜요?

언제 한국어를 시작했어요?

반 친구를 소개해 주세요.

방학 때 뭐 할 거예요?

저는 세 달 전에
한국어를 배우러 한국에 왔어요.
...

161

듣기 전

여러분은 다른 나라에 갈 때 뭐 가지고 가요?

듣기

제니 씨는 지훈 씨 친구예요. 호주 시드니에 살아요. 다음 주에 한국에 갈 거예요.

 제니 씨는 뭐 가지고 갈 거예요?

가 맞으면 O, 틀리면 X 하세요.
Write O if the statement is true and X if it is false.

1. 제니 씨는 월요일 저녁에 시드니에서 출발할 거예요.　　　(　　　)

2. 지훈 씨는 제니 씨를 만나러 공항에 갈 거예요.　　　(　　　)

3. 요즘 한국 날씨는 아주 더워요.　　　(　　　)

4. 제니 씨는 지훈 씨한테 영어 책을 사다 줄 거예요.　　　(　　　)

5. 제니 씨는 한국어를 잘 못해서 걱정해요.　　　(　　　)

나 친구하고 질문하고 답하세요.
Ask and answer the questions with your classmates.

1. 제니 씨는 언제 한국에 도착해요?

2. 제니 씨는 왜 두꺼운 옷을 가지고 와요?

3. 지훈 씨는 제니 씨한테 무엇을 부탁했어요? 왜요?

4. 제니 씨는 준비를 다 했어요?

5. 제니 씨가 걱정해요. 그래서 지훈 씨가 뭐라고 말했어요?

다 잘 듣고 빈칸을 채우세요.
Listen carefully and fill in the blanks.

워크북 p.104

제니 : 여보세요.

지훈 : 제니 씨, 저 지훈이에요.

제니 : 안녕하세요? 지훈 씨. 전화 기다렸어요.

지훈 : 제니 씨, 다음 주에 1. _____?

제니 : 네, 다음 주 월요일 아침 9시에 출발해요.

지훈 : 한국 2. _____ 9시요?

라 대본을 실감나게 읽어 보세요. **➡ p.173**
Read the script as realistically as possible.

마 잘 듣고 따라 하세요.
Listen carefully and repeat.

1. 지훈 씨는 뭐 필요한 거 없어요?

2. 거의 다 했어요.

바 요약문을 읽어 보세요.
Read the summary.

> 제니 씨는 시드니 시간으로 다음 주 월요일 아침 아홉 시에 출발해요. 한국 시간으로 저녁 여섯 시에 도착할 거예요. 한국이 요즘 아주 추워서 두꺼운 옷을 가지고 와야 해요. 그리고 지훈 씨가 영어 책을 부탁해서 가지고 올 거예요.

듣기 후

 여러분 나라에 여행 갈 때 무엇을 가지고 가야 해요? 왜요? 친구하고 이야기해 보세요.
What do people need to bring with them when traveling to your home country? Discuss with your classmates.

고향 날씨가 어때요?

○○ 씨 나라에 여행 갈 때 뭐 가지고 가야 해요?

○○ 씨 친구가 한국에 와요. 뭐 부탁하고 싶어요?

단원 마무리

학습 목표

이유 말하기, 계획 말하기

문법

1. 동 형 -아/어서

   A : 왜 한국어를 배워요?
   B : 한국 문화를 좋아해서 한국어를 배워요.

2. 동 형 -지요?

   A : 떡볶이가 맛있지요?
   B : 네, 정말 맛있어요.

3. 동 -(으)려고 해요

   A : 방학 때 뭐 할 거예요?
   B : 여행을 가려고 해요.

어휘와 표현

말하기		읽고 말하기	듣고 말하기
이유	**대화**	● 처음	■ 출발하다
◆ 머리가 아프다	□ 저도 다 못 했어요.	● 건물	◆ 그러니까
◆ 시간이 없다	◆ 인터뷰 준비하다	● 휴게실	▲ 두껍다
◆ 너무 피곤하다	● 졸업식	▲ 부지런하다	▲ 필요하다
◆ 일이 생기다	◆ 시험공부하다	● 휴일	◆ 사다 주다
◆ 다른 일이 있다	◆ 제일	□ 거의 다 알아요.	● 제목
◆ 숙제가 많다	□ 저도요.	◆ 정말	□ 메시지로 보낼게요.
◆ 감기에 걸리다	◆ 벌써 다 끝났어요.	▲ 똑똑하다	□ 준비 다 했어요?
▲ 바쁘다	◆ 시간이 빠르다	◆ 가끔	□ 거의 다 했어요.
◆ 시험이 있다	□ 방학 잘 보내세요.	▲ 즐겁다	■ 걱정되다
	● 여기저기		◆ 금방

● 명사　■ 동사　▲ 형용사　◆ 기타　□ 표현

확인

1. 어떤 일에 대해 이유를 말할 수 있어요.
   I can say the reason for something.　☆☆☆

2. 계획한 일에 대해 말할 수 있어요.
   I can talk about something I have planned.　☆☆☆

3. 어떤 일을 확인하는 말을 할 수 있어요.
   I know how to confirm something?　☆☆☆

한국 음식
Korean Food

길거리 음식
Street food

김밥　　떡볶이　　어묵　　떡꼬치　　핫도그

붕어빵　　계란빵　　군고구마　　호떡

계절 간식
seasonal snacks

한국 음식을 좋아하세요? 무슨 음식을 제일 좋아하세요?
길거리에서 다양한 음식을 먹을 수 있어요. 계절마다 다양한 간식이 있어요.
어떤 음식을 먹어 봤어요?
한국에서는 배달시킬 수 있는 음식도 많아요. 오늘은 새로운 음식을 배달해 보세요.

EN
CN
JP
TH

translation

한식	중식	일식	양식
치킨	피자	버거	족발/보쌈
분식	디저트	커피/차	1인분

배달 음식
Delivery food

부록 Appendix

1 지금 부동산에 가야 해요 p.30

바야르 가브리엘 씨, 오늘 같이 식사할 수 있어요?

가브리엘 미안해요. 지금 부동산에 가야 해요.

바야르 부동산에요? 왜요?

가브리엘 지금 집이 학교에서 좀 멀어요. 그래서 이사하고 싶어요.

바야르 가브리엘 씨 집이 어디예요?

가브리엘 잠실이에요. 한 시간 걸려요.

바야르 학교에서 집까지 어떻게 가요?

가브리엘 신촌 역에서 잠실 역까지 지하철로 가요. 잠실 역에서 집까지 버스를 또 타야 해요. 그래서 교통이 너무 불편해요.

바야르 네, 그럼 어디로 이사하고 싶어요?

가브리엘 글쎄요. 바야르 씨는 어디에 살아요?

바야르 저는 학교 앞에 살아요.

가브리엘 그래요? 학교 앞이 어때요?

바야르 아주 좋아요. 식당하고 카페가 많아요. 그리고 마트도 있어요.

가브리엘 가격이 어때요?

바야르 좀 비싸요. 하지만 학교가 아주 가까워요. 그래서 아침에 늦게까지 잘 수 있어요. 진짜 편해요.

가브리엘 그래요?

바야르 네, 학교 앞 부동산에도 가 보세요. 좋은 집을 찾을 수 있을 거예요.

가브리엘 고마워요.

2 깨끗한 방을 찾아요 p.48

직원 어서 오세요.

가브리엘 안녕하세요? 원룸 좀 보여 주세요.

직원 네, 방이 많아요. 어떤 방을 찾아요?

가브리엘 깨끗한 방을 찾아요.

직원 여기 사진 한번 보세요. 이 방 어때요? 아주 깨끗해요.

가브리엘 방이 커요?

직원 네, 커요. 방 안에 침대, 책상, 냉장고, 에어컨이 있어요. 그리고 세탁기도 있어요.

가브리엘 위치가 어디예요?

직원 서강대 바로 앞이에요.

가브리엘 월세가 얼마예요?

직원 65만 원이에요. 그런데 집 앞에 큰 공원이 있어요. 참 좋아요.

가브리엘 공원이 있어요? 그런데 좀 비싸요. 싼 방은 없어요?

직원 그럼 이 고시원은 어때요? 한 달에 45만 원이에요.

가브리엘 깨끗해요?

직원 네, 새 고시원이에요. 그래서 방이 아주 깨끗해요. 그런데 좀 작아요.

가브리엘 방에 화장실이 있어요?

직원 그럼요.

가브리엘 여기에서 서강대학교가 가까워요?

직원 네, 버스로 10분쯤 걸려요.

가브리엘 그럼 걸어서 얼마나 걸려요?

직원 20분쯤 걸려요.

가브리엘 20분요? 음….

직원 멀지 않아요.

가브리엘 음, 오늘 둘 다 볼 수 있어요?

직원 그럼요.

3 우리 같이 축제에 갈까요? p.68

지훈　완 씨, 금요일에 뭐 할 거예요?

완　글쎄요. 아직 특별한 계획은 없어요. 지훈 씨는요?

지훈　저는 학교 축제에 갈 거예요.

완　서강대학교 축제요? 서강대 축제가 어때요?

지훈　아주 재미있어요. 다양한 이벤트가 있어요. 여러 가지 게임을 하고, 선물을 받을 수 있어요.

완　그래요?

지훈　그리고 푸드 트럭이 많이 와요. 한국 음식도 먹을 수 있고, 세계 여러 나라 음식도 먹을 수 있어요.

완　또 뭐 해요?

지훈　유명한 가수들이 공연하러 와요.

완　아, 그래요? 표를 사야 해요?

지훈　아니요, 무료예요. 누구든지 공연을 볼 수 있어요.

완　공연은 몇 시에 시작해요?

지훈　저녁 8시에 시작해요. 그런데 일찍부터 줄을 서야 해요.

완　저도 가 보고 싶어요.

지훈　그럼 우리 같이 갈까요? 같이 게임도 하고, 맛있는 음식도 먹고, 공연도 봐요.

완　좋아요. 그럼 몇 시에 만날까요?

지훈　음…, 조금 일찍 만날 수 있어요? 4시 어때요?

완　네, 그럼 4시에 학교 정문 앞에서 만나요.

4 지난주에 왜 학교에 안 오셨어요? p.86

선생님　들어오세요.

앤디　안녕하세요? 선생님.

선생님　안녕하세요? 앤디 씨. 지난주에 왜 학교에 안 오셨어요?

앤디　많이 아팠어요.

선생님　어디가 아프셨어요?

앤디　열이 많이 났어요. 그리고 목도 많이 아팠어요.

선생님　병원에는 가셨어요?

앤디　네, 집 근처 내과에 갔다 왔어요.

선생님　지금은 괜찮으세요?

앤디　아니요, 아직 목이 좀 아파요.

선생님　그러세요? 따뜻한 물을 많이 드세요. 그리고 푹 쉬세요.

앤디　네, 알겠어요.

선생님　그런데 앤디 씨, 다음 주에 시험을 볼 거예요.

앤디　시험요? 어떻게 해요? 저는 공부 안 했어요.

선생님　걱정하지 마세요. 내일 복습할 거예요. 앤디 씨, 내일 학교에 꼭 오세요.

앤디　시험이 다음 주 언제예요?

선생님　월요일이에요.

앤디　네, 알겠어요. 선생님, 안녕히 계세요.

선생님　안녕히 가세요, 앤디 씨. 빨리 나으세요.

5 요즘 테니스를 배워요   p.106

투안 안녕하세요, 수잔 씨? 지금 어디에 가세요?

수잔 테니스장에 가요. 제가 요즘 테니스를 배워요.

투안 아, 그래요? 테니스를 언제 시작하셨어요?

수잔 지난달에 시작했어요.

투안 어디에서 배우세요?

수잔 회사 근처 테니스장에서요.

투안 그 테니스장이 어때요?

수잔 참 좋아요. 그리고 선생님도 친절하세요.

투안 일주일에 몇 번 가야 돼요?

수잔 일주일에 두 번요.

투안 보통 테니스장에 언제 가세요?

수잔 아침 일찍 가거나 퇴근 후에 가요. 왜요?

투안 제가 테니스를 칠 줄 몰라요. 그래서 저도 테니스를 좀 배우고 싶어요.

수잔 그러세요? 그럼 다음에 같이 가요.

투안 네, 그때 선생님을 소개해 줄 수 있어요?

수잔 그럼요. 투안 씨, 내일은 어때요?

투안 좋아요.

수잔 그럼 내일 같이 테니스장에 가요.

투안 몇 시에 만날까요?

수잔 음, 내일 저녁 6시에 신촌 역 2번 출구에서 만나요.

투안 알겠어요. 그럼 내일 만나요.

6 지갑을 찾고 있어요   p.124

지훈 완 씨, 왜 안 와요? 모두 완 씨를 기다리고 있어요.

완 저, 미안해요. 제가 지갑을 잃어버렸어요. 그래서 지갑을 찾고 있어요.

지훈 지갑요? 지금 어디예요?

완 신촌 역이에요.

지훈 그럼 지하철역 안에 사무실이 있어요. 거기 직원한테 한번 물어보세요.

완 네, 고마워요.

완 저기 죄송한데요, 지갑을 잃어버렸어요.

직원 어떤 지갑이에요?

완 작은 지갑이에요.

직원 무슨 색이에요?

완 까만색이에요. 지갑 안에 학생증하고 카드하고 돈이 있어요.

직원 잠깐만요. 혹시 이거예요?

완 아니요, 이거보다 더 작아요.

직원 그럼 여기에는 없어요.

완 아, 네.

직원 저기요, 유실물 센터에 한번 전화해 보세요.

완 유실물 센터요? 거기 전화번호가 몇 번이에요?

직원 02-6110-1122예요. 오후 6시까지 전화를 받을 거예요. 시청 역에 센터가 있어요.

완 감사합니다.

7 제가 구워 드릴게요   p.144

바야르   저기요, 테이블 좀 닦아 주세요.
직원   네, 알겠습니다. 메뉴판 여기 있어요. 뭐 주문하시겠어요?
바야르   잠깐만 기다려 주세요.

바야르   가브리엘 씨, 혹시 삼겹살 먹어 봤어요?
가브리엘   아니요, 못 먹어 봤어요. 맛있어요?
바야르   네, 아주 맛있어요. 한번 먹어 보세요.
가브리엘   좋아요. 빨리 시킬까요? 배가 너무 고파요.

바야르   저기요, 삼겹살 2인분 주세요.
직원   삼겹살 2인분 나왔습니다. 제가 구워 드릴게요.
바야르   와! 감사합니다.
가브리엘   와! 감사합니다.

가브리엘   저기요! 반찬 좀 더 주세요.
직원   반찬은 셀프예요. 셀프 코너는 저기에 있어요.
가브리엘   제가 가지고 올게요.

직원   식사는 뭘로 하시겠어요?
바야르   뭐가 있어요?
직원   냉면하고 된장찌개가 있어요.
가브리엘   음, 된장찌개가 맵지 않아요?
직원   안 매워요. 맛있어요. 한번 드셔 보세요.
가브리엘   그럼 저는 된장찌개요.
바야르   저는 물냉면이요.

직원   여기 식사 나왔습니다. 맛있게 드세요.
바야르   저, 가위 좀 주세요.
직원   제가 잘라 드릴게요.
바야르   감사합니다.

8 월요일에 공항에서 만나요   p.162

제니   여보세요.
지훈   제니 씨, 저 지훈이에요.
제니   안녕하세요? 지훈 씨. 전화 기다렸어요.
지훈   제니 씨, 다음 주에 출발하지요?
제니   네, 다음 주 월요일 아침 9시에 출발해요.
지훈   한국 시간 9시요?
제니   아니요, 시드니 시간 9시에 출발해요. 그리고 한국 시간으로 저녁 6시에 도착할 거예요.
지훈   그래요? 그럼 제니 씨, 월요일에 공항에서 만나요. 제가 갈게요.
제니   정말요? 고마워요. 참! 지훈 씨, 요즘 한국 날씨가 어때요? 추워요?
지훈   네, 요즘 많이 추워요. 그러니까 두꺼운 옷을 꼭 가지고 오세요.
제니   네, 알겠어요. 지훈 씨는 뭐 필요한 거 없어요?
지훈   글쎄요. 아, 영어 책 좀 사다 줄 수 있어요?
제니   영어 책요?
지훈   네, 제가 읽고 싶은 영어 책이 있어요. 이따가 책 제목을 메시지로 보낼게요.
제니   네, 알겠어요. 그리고 또 필요한 거 없어요?
지훈   없어요. 그런데 준비 다 했어요?
제니   거의 다 했어요. 그런데 한국어를 잘 못해서 걱정돼요.
지훈   걱정하지 마세요. 제니 씨는 금방 잘할 거예요.
제니   고마워요, 지훈 씨.
지훈   그럼 제니 씨, 공항에서 만나요.
제니   네, 지훈 씨. 그때 만나요.

1 한강 공원이 아주 넓었어요

문법1 동 -(으)ㄹ 수 있어요/없어요   p.18

친구하고 말해 보세요.

❶ 책을 빌릴 수 있어요.
❷ 여기에서 자전거를 탈 수 없어요.
❸ 강아지하고 같이 들어갈 수 있어요.
❹ 일주일 동안 걸을 수 없어요.
❺ 사진을 찍을 수 있어요.
❻ 같이 놀 수 없어요.

친구하고 묻고 대답해 보세요.

A : 수업 후에 같이 한국어 연습할 수 있어요?
예 B : 네, 연습할 수 있어요. / 아니요, 연습할 수 없어요.

A : 아침에 일찍 일어날 수 있어요?
예 B : 네, 일어날 수 있어요. / 아니요, 일어날 수 없어요.

A : 친구들 앞에서 춤을 출 수 있어요?
예 B : 네, 출 수 있어요. / 아니요, 출 수 없어요.

A : 일요일에 같이 점심을 먹을 수 있어요?
예 B : 네, 먹을 수 있어요. / 아니요, 먹을 수 없어요.

A : 수업 시간에 음악을 들을 수 있어요?
예 B : 네, 들을 수 있어요. / 아니요, 들을 수 없어요.

A : 주말에 같이 놀 수 있어요?
예 B : 네, 놀 수 있어요. / 아니요, 놀 수 없어요.

문법2 동 형 -아/어야 해요   p.19

친구하고 말해 보세요.

❶ 말하기를 연습해야 해요.
❷ 돈을 찾아야 해요.
❸ 일찍 일어나야 해요.
❹ 식사 후에 약을 먹어야 해요.
❺ 30분쯤 기다려야 해요.
❻ 방이 커야 해요.

친구하고 묻고 대답해 보세요.

A : 한국 문화를 알고 싶어요.
예 B : 박물관에 가야 해요.

A : 한국어 발음을 잘하고 싶어요.
예 B : 한국 노래를 따라 해야 해요.

A : 옷을 사고 싶어요.
예 B : 홍대에 가야 해요.

A : 한국 회사에서 일하고 싶어요.
예 B : 한국어를 잘해야 해요.

A : 친구가 기분이 안 좋아요.
예 B : 친구 이야기를 들어야 해요.

A : 다리가 아파요.
예 B : 쉬어야 해요.

문법3 형 -아/어요   p.21

친구하고 말해 보세요.

❶ 가방이 비싸요.
❷ 사람이 적어요.
❸ 지하철 역이 멀어요.
❹ 음식이 맛있어요.
❺ 날씨가 더워요.
❻ 지하철역이 가까워요.

친구하고 묻고 대답해 보세요.

A : 뭐가 비싸요?   예 B : 과일이 비싸요.
A : 뭐가 많아요?   예 B : 책상이 많아요.
A : 뭐가 커요?   예 B : 신발이 커요.
A : 뭐가 높아요?   예 B : 빌딩이 높아요.
A : 뭐가 싸요?   예 B : 김밥이 싸요.
A : 뭐가 맛있어요?   예 B : 사과가 맛있어요.

읽고 말하기   p.28

가 한국 친구들 – 친절해요
    한국어 공부 – 어려워요
    태권도 – 재미있어요
    집 – 불편해요
    방 – 작아요

나 1. 가브리엘 씨가 정민 씨한테 이메일을 썼어요.
    2. 가브리엘 씨는 서울 생활이 아주 마음에 들어요.
    3. 가브리엘 씨는 요즘 시간이 없어요. 그래서 축구할 수 없어요.
    4. 가브리엘 씨는 새 집을 찾아야 해요. 왜냐하면 지금 집이 좀 불편해요.
    5. 가브리엘 씨는 정민 씨하고 한국어로 이야기하고 싶어요. 그리고 같이 축구도 하고 싶어요.

다 들어요, 친절해요, 재미있어요, 불편해요, 찾아야

듣고 말하기 p.31

가 1. O   2. X   3. O   4. X   5. X

나 1. 가브리엘 씨가 지금 부동산에 가야 해요.
   2. 가브리엘 씨 지금 집이 학교에서 좀 멀어요. 그래서 이사하고 싶어요.
   3. 가브리엘 씨는 신촌 역에서 잠실 역까지 지하철로 가요. 잠실 역에서 집까지 버스를 또 타야 해요.
   4. 바야르 씨는 학교 앞에 살아요. 아주 좋아요.
   5. 집에서 학교가 가까워요. 그럼 아침에 늦게까지 잘 수 있어요.

다 1. 가야   2. 멀어요

2 가벼운 노트북 없어요?

문법1 형 -(으)ㄴ 명 p.37

🧑 친구하고 말해 보세요.

❶ 느린 버스
❷ 조용한 도서관
❸ 짧은 바지
❹ 긴 스카프
❺ 가벼운 가방
❻ 맛있는 음식

🧑 친구하고 묻고 대답해 보세요.

A : 어떤 가방이 있어요?
예 B : 큰 가방이 있어요.

A : 어떤 날씨를 좋아해요?
예 B : 따뜻한 날씨를 좋아해요.

A : 어떤 집에서 살고 싶어요?
예 B : 공원에서 가까운 집에서 살고 싶어요.

A : 어떤 영화를 좋아해요?
예 B : 무서운 영화를 좋아해요.

A : 집 근처에 어떤 식당이 있어요?
예 B : 유명한 식당이 있어요.

A : 어떤 카페에 가고 싶어요?
예 B : 예쁜 카페에 가고 싶어요.

문법2 동 형 -지 않아요 p.38

🧑 친구하고 말해 보세요.

❶ 학생이 많지 않아요.
❷ 방이 크지 않아요.
❸ 머리가 길지 않아요.
❹ 가방이 무겁지 않아요.
❺ 밤에 커피를 마시지 않아요.
❻ 음악을 듣지 않아요.

🧑 친구하고 묻고 대답해 보세요.

A : 커피를 좋아해요?   B : 아니요, 좋아하지 않아요.
A : 오늘 운동해요?   B : 아니요, 운동하지 않아요.
A : 도서관에 가요?   B : 아니요, 가지 않아요.
A : 영화를 봐요?   B : 아니요, 보지 않아요.
A : 아침을 먹어요?   B : 아니요, 먹지 않아요.
A : 서울에서 살아요?   B : 아니요, 살지 않아요.

문법3 동 -아/어 보세요 p.39

🧑 친구하고 말해 보세요.

❶ 한번 먹어 보세요.
❷ 한번 마셔 보세요.
❸ 한번 가 보세요.
❹ 한번 입어 보세요.
❺ 한번 써 보세요.
❻ 한번 들어 보세요.

🧑 친구하고 묻고 대답해 보세요.

A : 싼 옷을 사고 싶어요. 어디가 좋아요?
예 B : 동대문 시장에 가 보세요.

A : 서울에서 어디가 좋아요?
예 B : 한강 공원에 가 보세요.

A : 등산하고 싶어요?
예 B : 북한산에서 등산해 보세요.

A : 이 식당에서 뭐가 맛있어요?
예 B : 불고기를 먹어 보세요.

A : 운동을 배우고 싶어요.
예 B : 태권도를 배워 보세요.

A : 무슨 영화가 재미있어요?
예 B : '해리포터'를 보세요.

읽고 말하기   p.46

가

	어떤 곳이에요? 뭐 할 수 있어요?	어떻게 가요?
남대문 시장	작은 시장이에요. 큰 식당이 많아요. 한국 음식을 먹을 수 있어요. 남산이 가까워요.	지하철 4호선 회현 역 6번 출구 4번
홍대 거리	노래를 들을 수 있어요. 춤을 볼 수 있어요. 비싼 옷을 살 수 있어요. 싼 한국 여행 선물을 살 수 있어요.	지하철 2호선 홍대입구 역 9번 출구

나 1. 남대문 시장은 큰 시장이에요.
   2. 남대문 시장에서 한국 여행 선물을 살 수 있어요. 맛
     있는 한국 음식도 먹을 수 있어요.
   3. 남대문 시장 근처에 명동, 남산이 있어요.
   4. 홍대 거리는 아주 재미있는 곳이에요.
   5. 홍대 거리에서 노래를 들을 수 있어요. 그리고 춤도 볼
     수 있어요. 싼 옷을 살 수 있어요. 그리고 예쁜 액세서
     리도 살 수 있어요.
   6. 예 저는 남대문 시장에 가고 싶어요. 왜냐하면 한국
      여행 선물을 사고 싶어요.
     예 저는 홍대 거리에 가고 싶어요. 버스킹을 보고 싶
      어요. 그리고 친구하고 놀고 싶어요.

다 큰, 맛있는, 재미있는, 싼, 예쁜

듣고 말하기   p.49

가 방① 원룸, 방이 크다, 세탁기가 있다, 65만 원이다
   방② 고시원, 방이 작다, 화장실이 있다, 45만 원이다

나 1. 가브리엘 씨는 깨끗한 방을 찾아요.
   2. 원룸 안에 침대, 책상, 냉장고, 에어컨, 세탁기가 있어요.
   3. 원룸 위치가 서강대 바로 앞이에요.
   4. 고시원 방이 아주 깨끗해요. 그런데 좀 작아요.
   5. 고시원에서 학교까지 버스로 10분쯤 걸려요. 걸어서
     20분쯤 걸려요.
   6. 예 저는 원룸이 마음에 들어요. 왜냐하면 학교 바로
      앞이에요. 학교가 아주 가까워요.
     예 저는 고시원이 마음에 들어요. 왜냐하면 가격이 싸
      요. 그리고 깨끗해요.

다 1. 깨끗한   2. 커요

---

3   우리 같이 서울을 구경할까요?

문법1 명 하고   p.56

🗣 친구하고 말해 보세요.

❶ 김밥하고 떡볶이를 먹어요.
❷ 커피하고 녹차가 있어요.
❸ 식당하고 카페에 갔어요.
❹ 반지하고 귀걸이를 살 거예요.

🗣 친구하고 묻고 대답해 보세요.

A : 보통 아침에 뭐 먹어요?
예 B : 빵하고 과일을 먹어요.

A : 어제 저녁에 뭐 먹었어요?
예 B : 밥하고 김치찌개를 먹었어요.

A : 어느 나라 말을 할 수 있어요?
예 B : 영어하고 스페인어를 할 수 있어요.

A : 생일 때 뭐 받고 싶어요?
예 B : 가방하고 핸드폰을 받고 싶어요.

A : 방에 뭐가 있어요?
예 B : 책상하고 침대가 있어요.

A : 방학 때 어디에 갈 거예요?
예 B : 부산하고 제주도에 갈 거예요.

문법2 동 형 -고(현재)   p.57

🗣 친구하고 말해 보세요.

❶ 운동하고 샤워해요.
❷ 책을 읽고 커피를 마셔요.
❸ 음악을 듣고 춤을 춰요.
❹ 음식을 만들고 설거지해요.

🗣 친구하고 묻고 대답해 보세요.

A : 보통 저녁 때 뭐 해요?
예 B : 식사하고 텔레비전을 봐요.

A : 보통 일요일에 뭐 해요?
예 B : 친구를 만나고 산책해요.

A : 카페에서 보통 뭐 해요?
예 B : 커피를 마시고 숙제해요.

A : 친구하고 보통 뭐 해요?
예 B : 게임하고 운동해요.

A : 집이 어때요?

예 B : 크고 학교에서 가까워요.

A : 학생 식당이 어때요?

예 B : 싸고 맛있어요.

문법2 동 형 -고(과거)   p.58

👥 친구하고 말해 보세요.

❶ 숙제하고 친구를 만났어요.

❷ 영화를 보고 산책했어요.

❸ 점심을 먹고 운동했어요.

❹ 공원에서 걷고 커피를 마셨어요.

👥 친구하고 묻고 대답해 보세요.

A : 어제 저녁에 뭐 했어요?

예 B : 저녁을 먹고 텔레비전을 봤어요.

A : 오늘 아침에 뭐 했어요?

예 B : 조깅하고 아침을 먹었어요.

A : 지난 주말에 뭐 했어요?

예 B : 청소하고 쉬었어요.

A : 생일 때 뭐 했어요?

예 B : 친구들하고 노래하고 춤을 췄어요.

A : 작년에 뭐 했어요?

예 B : 일하고 여행했어요.

A : 5년 전에 뭐 했어요?

예 B : 학교에 다니고 아르바이트했어요.

문법3 동 -(으)ㄹ까요?①   p.59

👥 친구하고 말해 보세요.

❶ 이야기할까요?

❷ 영화를 볼까요?

❸ 점심을 먹을까요?

❹ 사진을 찍을까요?

❺ 음악을 들을까요?

❻ 쿠키를 만들까요?

👥 카드를 보고 친구하고 약속을 만들어 보세요.

예

A : 날씨가 좋아요. 같이 산책할까요?

B : 네, 좋아요. 같이 산책해요.

A : 영화표가 두 장 있어요. 같이 영화 볼까요?

B : 네, 좋아요. 같이 봐요.

A : 맛있는 식당을 찾았어요. 같이 먹으러 갈까요?

B : 네, 좋아요. 같이 가요.

A : 내일 시험이에요. 같이 공부할까요?

B : 미안해요. 다른 약속이 있어요.

A : 토요일에 약속이 없어요. 같이 놀까요?

B : 미안해요. 아르바이트하러 가야 해요.

A : 다음 주부터 방학이에요. 같이 여행 갈까요?

B : 미안해요. 고향에 가요.

읽고 말하기   p.66

가 공원에 갔어요(1), 산책했어요(3), 게임을 했어요(5),
　점심을 먹었어요(2), 사진을 찍었어요(4)

나 1. 앤디 씨는 어제 월드컵 공원에 갔어요.

　2. 월드컵 공원은 넓었어요. 나무도 많고 꽃도 아름다웠
　　어요.

　3. 앤디 씨하고 친구들은 점심을 맛있게 먹었어요. 그다
　　음에 공원에서 산책을 하고 사진을 찍었어요. 그리고
　　다 같이 게임을 했어요.

　4. 앤디 씨가 게임에서 이겼어요. 그래서 기분이 좋았어요.

　5. 앤디 씨는 "네, 좋아요. 다음에 우리 둘이서만 와요."라
　　고 대답했어요.

다 넓었어요, 아름다웠어요, 산책을, 기분

듣고 말하기   p.69

가 1. X   2. O   3. O   4. X   5. X

나 1. 지훈 씨는 금요일에 학교 축제에 갈 거예요.

　2. 서강대 축제가 아주 재미있어요.

　3. 서강대 축제에서 한국 음식도 먹을 수 있고, 세계 여
　　러 나라 음식도 먹을 수 있어요.

　4. 지훈 씨하고 완 씨는 같이 게임도 하고, 맛있는 음식도
　　먹고, 공연도 볼 거예요.

　5. 두 사람은 4시에 학교 정문 앞에서 만날 거예요.

다 1. 특별한   2. 어때요?   3. 다양한

4 언제 한국에 오셨어요?

문법1 동 형 -(으)세요②   p.74

👥 친구하고 말해 보세요.

❶ 운동하세요.
❷ 뉴스를 보세요.
❸ 많이 피곤하세요.
❹ 신문을 읽으세요.
❺ 공원에서 걸으세요.
❻ 부산에 사세요.

👥 친구하고 존댓말로 묻고 대답해 보세요.

A : 보통 몇 시에 일어나세요?
예 B : 7시에 일어나요.

A : 보통 몇 시에 주무세요?
예 B : 11시에 자요.

A : 보통 아침에 뭐 드세요?
예 B : 빵하고 과일을 먹어요.

A : 보통 한국어로 말씀하세요?
예 B : 네, 한국어로 말해요.

A : 보통 주말 오전에 어디에 계세요?
예 B : 체육관에 있어요.

A : 지금 우산 있으세요?
예 B : 네, 우산 있어요.

문법2 동 형 -(으)셨어요   p.75

👥 친구하고 말해 보세요.

❶ 운동하셨어요.
❷ 영화를 보셨어요.
❸ 바쁘셨어요.
❹ 한복을 입으셨어요.
❺ 음악을 들으셨어요.
❻ 쿠키를 만드셨어요.

👥 친구하고 존댓말로 묻고 대답해 보세요.

A : 오늘 몇 시에 일어나셨어요?
예 B : 오늘 6시 반에 일어났어요.

A : 어제 몇 시까지 일하셨어요?
예 B : 어제 7시까지 일했어요.

A : 어제 몇 시에 주무셨어요?
예 B : 어제 11시에 잤어요.

A : 오늘 커피를 몇 잔 드셨어요?
예 B : 오늘 두 잔 마셨어요.

A : 조금 전에 누구한테 말씀하셨어요?
예 B : 윤호 씨한테 말했어요.

A : 30분 전에 어디에 계셨어요?
예 B : 휴게실에 있었어요.

읽고 말하기   p.84

가 할머니 - 주무세요
   할아버지 - 책을 읽으세요
   미나 - 전화해요
   어머니 - 드라마를 보세요
   언니 - 요가해요
   아버지 - 요리하세요

나 1. 미나 씨 가족은 일요일에 보통 집 근처 공원에 가요.
    거기에서 산책하고 운동도 해요.
   2. 오늘 날씨가 안 좋아요. 비가 오고 바람도 많이 불어요.
   3. 미나 씨 할머니하고 할아버지는 방에 계세요. 할머니는
    주무세요. 할아버지는 할머니 옆에서 책을 읽으세요.
   4. 미나 씨는 지금 친한 친구하고 전화해요.
   5. 미나 씨 어머니는 드라마를 아주 좋아하세요.
   6. 미나 씨 아버지는 간식을 만드세요.

다 주무세요, 건강, 전화해요, 보세요, 요가, 부엌

듣고 말하기   p.87

가 1. O   2. X   3. X   4. O   5. X

나 1. 앤디 씨는 지난주에 많이 아팠어요. 그래서 학교에 안
    갔어요.
   2. 앤디 씨는 지난주에 집 근처 내과에 갔어요.
   3. 네, 앤디 씨는 아직 목이 좀 아파요.
   4. 다음 주에 시험을 볼 거예요. 그런데 앤디 씨는 공부
    안 했어요. 그래서 걱정해요.
   5. 내일 수업 시간에 복습할 거예요.

다 1. 오셨어요?   2. 열   3. 목

5 스키 탈 줄 알아요?

문법1 동-(으)ㄹ 줄 알아요/몰라요　　p.95

👥 친구하고 말해 보세요.

❶ 운전할 줄 알아요.
❷ 수영할 줄 몰라요.
❸ 한자를 읽을 줄 알아요.
❹ 자전거를 탈 줄 몰라요.
❺ 하모니카를 불 줄 알아요.
❻ 김밥을 만들 줄 몰라요.

👥 친구하고 묻고 대답해 보세요.

A : 수영할 줄 알아요?
예 B : 네, 수영할 줄 알아요. / 아니요, 수영할 줄 몰라요.

A : 태권도 할 줄 알아요?
예 B : 네, 태권도 할 줄 알아요. / 아니요, 태권도 할 줄 몰라요.

A : 테니스 칠 줄 알아요?
예 B : 네, 테니스 칠 줄 알아요. / 아니요, 테니스 칠 줄 몰라요.

A : 스키 탈 줄 알아요?
예 B : 네, 스키 탈 줄 알아요. / 아니요, 스키 탈 줄 몰라요.

A : 기타 칠 줄 알아요?
예 B : 네, 기타 칠 줄 알아요. / 아니요, 기타 칠 줄 몰라요.

A : 불고기를 만들 줄 알아요?
예 B : 네, 불고기를 만들 줄 알아요. / 아니요, 불고기를 만들 줄 몰라요.

문법2 동-거나　　p.96

👥 친구하고 말해 보세요.

❶ 수영하거나 테니스를 쳐요.
❷ 춤을 추거나 노래해요.
❸ 책을 읽거나 텔레비전을 봐요.
❹ 음악을 듣거나 요리해요.

👥 친구하고 묻고 대답해 보세요.

A : 수업 후에 보통 뭐 해요?
예 B : 운동하거나 게임해요.

A : 주말에 보통 뭐 해요?
예 B : 혼자 영화를 보거나 책을 읽어요.

A : 기분이 좋아요. 그럼 보통 뭐 해요?
예 B : 맛있는 음식을 먹거나 노래방에 가요.

A : 한국에서 뭐 하고 싶어요?
예 B : 태권도를 배우거나 아르바이트하고 싶어요.

A : 생일에 뭐 할 거예요?
예 B : 친구들을 만나거나 가족하고 식사할 거예요.

A : 이번 방학 때 뭐 할 거예요?
예 B : 부산에 가거나 집에서 쉴 거예요.

문법3 동형-지만　　p.97

👥 친구하고 말해 보세요.

❶ 한국어가 어렵지만 재미있어요.
❷ 갈비가 비싸지만 맛있어요.
❸ 집이 멀지만 커요.
❹ 피아노를 칠 줄 모르지만 기타를 칠 줄 알아요.

👥 친구하고 묻고 대답해 보세요.

A : 서강 식당이 어때요?
예 B : 비싸지만 맛있어요.

A : 한국 생활이 어때요?
예 B : 힘들지만 재미있어요.

A : 지금 집이 어때요?
예 B : 학교에서 가깝지만 조금 작아요.

A : 한국어 공부가 어때요?
예 B : 재미있지만 문법이 어려워요.

A : 한국 음식이 어때요?
예 B : 맛있지만 조금 매워요.

A : 무슨 운동을 할 줄 알아요?
예 B : 수영을 할 줄 알지만 스키를 탈 줄 몰라요.

읽고 말하기　　p.104

가 자기소개 - 이름, 전공, 인턴
　뭐 할 줄 알아요? - 외국어, 컴퓨터

나 1. 김지훈 씨는 신문방송학을 전공했습니다.
　2. 네, 김지훈 씨는 영어를 잘합니다. 영어 뉴스를 듣고 이해할 수 있습니다.
　3. 김지훈 씨는 중국어 학원에서 중국어를 배웠습니다.
　4. 네, 김지훈 씨는 컴퓨터 프로그램을 잘 사용하고 편집도 잘합니다.
　5. 예 김지훈 씨는 SG 방송국에서 일할 수 있습니다. 왜

냐하면 영어하고 중국어를 잘하고 컴퓨터 프로그램을 잘 사용하고 편집도 잘합니다.

다 전공했습니다, 인턴, 사용할, 방송

듣고 말하기   p.107

가 1. O   2. O   3. X   4. X   5. X

나 1. 수잔 씨는 지난달에 테니스를 시작했어요.
    2. 테니스장이 수잔 씨 회사 근처에 있어요.
    3. 테니스장이 참 좋아요. 그리고 선생님도 친절하세요.
    4. 수잔 씨는 보통 아침 일찍 가거나 퇴근 후에 가요.
    5. 수잔 씨는 신촌 역 2번 출구에서 투안 씨를 만날 거예요.

다 1. 시작하셨어요   2. 회사 근처

6   이거보다 더 긴 우산이에요

문법1 동 -고 있어요   p.112

친구하고 말해 보세요.
❶ 청소하고 있어요.
❷ 이를 닦고 있어요.
❸ 거울을 보고 있어요.
❹ 점심을 먹고 있어요.
❺ 손을 씻고 있어요.
❻ 음악을 듣고 있어요.

문법2 못 동   p.113

친구하고 말해 보세요.
❶ 수영 못 해요.
❷ 운전 못 해요.
❸ 돈을 못 찾아요.
❹ 매운 음식을 못 먹어요.
❺ 테니스를 못 쳐요.
❻ 못 걸어요.

친구하고 묻고 대답해 보세요.

A : 운전할 줄 알아요?
B : 아니요, 운전 못 해요.

A : 스키를 탈 수 있어요?
B : 아니요, 스키 못 타요.

A : 아침에 일찍 일어날 수 있어요?
B : 아니요, 아침에 일찍 못 일어나요.

A : 한국 노래를 할 줄 알아요?
B : 아니요, 한국 노래를 못 해요.

A : 같이 등산하러 갈 수 있어요?
B : 아니요, 같이 등산하러 못 가요.

A : 어제 시험 준비 많이 했어요?
B : 아니요, 어제 시험 준비 많이 못 했어요.

문법3 명 보다 더   p.114

친구하고 말해 보세요.
❶ 북한산이 남산보다 더 높아요.
❷ 비빔밥이 김밥보다 더 비싸요.
❸ 읽기 시험이 듣기 시험보다 더 쉬워요.
❹ 편의점이 식당보다 더 가까워요.
❺ 8월이 6월보다 더 더워요.
❻ 코트가 패딩보다 더 얇아요.

친구하고 묻고 대답해 보세요.

A : 사과하고 바나나 중에서 뭐가 더 맛있어요?
예 B : 사과가 바나나보다 더 맛있어요.

A : 축구하고 야구 중에서 뭐가 더 재미있어요?
예 B : 축구가 야구보다 더 재미있어요.

A : 읽기하고 듣기 중에서 뭐가 더 어려워요?
예 B : 듣기가 읽기보다 더 어려워요.

A : 부산하고 제주도 중에서 어디가 더 좋아요?
예 B : 제주도가 부산보다 더 좋아요.

A : 10월하고 12월 중에서 언제가 더 추워요?
예 B : 12월이 10월보다 더 추워요.

A : 미나 씨하고 수잔 씨 중에서 누가 더 머리가 길어요?
예 B : 미나 씨가 수잔 씨보다 더 머리가 길어요.

읽고 말하기   p.122

가 1. 토끼   2. 거북   3. 토끼
    4. 거북   5. 거북   6. 토끼

나 1. 토끼는 친구를 만나러 가고 있었어요.
    2. 토끼가 "거북 씨는 아주 느려요. 오늘 할머니 집에 도착할 수 있어요?"라고 말했어요. 그리고 크게 웃었어요. 그래서 거북은 기분이 나빴어요.
    3. 처음에 토끼가 빨랐어요.

4. 토끼는 '재미없어요. 거북 씨는 정말 느려요.'라고 생각
   했어요. 그래서 낮잠을 잤어요.

5. 거북이 토끼보다 더 빨리 산에 도착했어요. 거북이 이
   겼어요. 그래서 기분이 좋았어요.

다 물어봤어요, 대답했어요, 느려요, 빨랐어요, 이겼어요

듣고 말하기   p.125

가   1. O   2. X   3. O   4. X   5. X

나   1. 왜냐하면 완 씨가 지갑을 잃어버렸어요. 그래서 지갑
   을 찾고 있었어요.

2. 완 씨가 신촌 역에서 지갑을 찾고 있었어요.

3. 완 씨 지갑은 작은 지갑이에요. 까만색이에요.

4. 완 씨 지갑 안에 학생증하고 카드하고 돈이 있어요.

5. 유실물 센터가 시청 역에 있어요.

다   1. 찾고   2. 물어보세요.

---

7   맛집 좀 추천해 주세요

문법1 동 **-아/어 주세요**   p.132

👥 친구하고 말해 보세요.

❶ 포장해 주세요.
❷ 창문을 닫아 주세요.
❸ 기다려 주세요.
❹ 에어컨을 켜 주세요.
❺ 이름을 써 주세요.
❻ 도와 주세요.

👥 카드를 보고 친구에게 부탁해 보세요.

예

교실이 너무 더워요. 창문 좀 열어 주세요.
숙제를 몰라요. 가르쳐 주세요.
볼펜이 없어요. 빌려 주세요.
약속 시간에 좀 늦을 거예요. 기다려 주세요.
<A/S센터> 핸드폰이 고장 났어요. 고쳐 주세요.
미안해요. 잘 못 들었어요. 다시 말씀해 주세요.

문법2 동 **-아/어 드릴게요**   p.133

👥 친구하고 말해 보세요.

❶ 계산해 드릴게요.

❷ 커피를 사 드릴게요.
❸ 사진을 찍어 드릴게요.
❹ 가방을 들어 드릴게요.
❺ 눌러 드릴게요.
❻ 도와 드릴게요.

👥 카드를 보고 이야기해 보세요.

A : 좀 추워요.
예 B : 그래요? 에어컨을 꺼 드릴게요.

A : 춤을 배우고 싶어요.
예 B : 그래요? 댄스 교실을 소개해 드릴게요.

A : 여기 너무 어두워요.
예 B : 그래요? 불을 켜 드릴게요.

A : 지갑을 안 가지고 왔어요.
예 B : 그래요? 점심을 사 드릴게요.

A : 우산이 없어요.
예 B : 그래요? 우산을 빌려 드릴게요.

A : 주말에 이사할 거예요.
예 B : 그래요? 도와 드릴게요.

문법3 동 **-아/어 봤어요**   p.134

👥 친구하고 말해 보세요.

❶ 외국에서 운전해 봤어요.
❷ 찜질방에 가 봤어요.
❸ 막걸리를 마셔 봤어요.
❹ 한복을 입어 봤어요.
❺ 한국 노래를 들어 봤어요.
❻ 한국 영화를 봤어요.

👥 친구하고 묻고 대답해 보세요.

A : 번지 점프를 해 봤어요?
예 B : 네, 해 봤어요. / 아니요, 못 해 봤어요.

A : 혼자 여행해 봤어요?
예 B : 네, 해 봤어요. / 아니요, 못 해 봤어요.

A : 낚시해 봤어요?
예 B : 네, 해 봤어요. / 아니요, 못 해 봤어요.

A : 유명한 사람을 만나 봤어요?
예 B : 네, 만나 봤어요. / 아니요, 못 만나 봤어요.

A : 한국 책을 읽어 봤어요?
예 B : 네, 읽어 봤어요. / 아니요, 못 읽어 봤어요.

A : 김치를 만들어 봤어요?

예 B : 네, 만들어 봤어요. / 아니요, 못 만들어 봤어요.

읽고 말하기
p.142

가

 4   1   3   2

나 1. 완 씨는 지난 주말에 반 친구들하고 미나 씨 집에 놀러 갔어요.

2. 미나 씨 어머니가 완 씨한테 불고기를 가르쳐 줬어요.

3. 먼저 간장에 설탕, 참기름, 마늘을 넣고 섞어요.
   그리고 소고기에 그 간장을 넣고 30분쯤 기다려요.
   그다음에 고기를 당근, 양파, 파하고 같이 볶아요.

4. 완 씨 불고기는 조금 짰지만 미나 씨 어머니 불고기는 달고 아주 맛있었어요.

5. 두 사람은 다음에 태국 음식을 만들 거예요.

다 놀러, 만들어, 가르쳐, 배웠습니다, 드릴게요

듣고 말하기
p.145

가 1. O   2. X   3. X   4. O   5. X

나 1. 바야르 씨는 삼겹살을 먹어 봤지만 가브리엘 씨는 못 먹어 봤어요.

2. 가브리엘 씨는 지금 배가 너무 고파요. 그래서 빨리 식사하고 싶어요.

3. 반찬을 더 먹고 싶어요. 그럼 셀프 코너에서 가지고 와야 해요.

4. 식사 메뉴에 냉면하고 된장찌개가 있어요.

5. 직원이 "제가 잘라 드릴게요."라고 말했어요.

다 1. 주문하시겠어요?   2. 먹어

8 말하기 수업이 재미있어서 좋았어요

문법1 동 형 -아/어서
p.150

😊 친구하고 말해 보세요.

❶ 떡볶이를 좋아해서 자주 먹어요.

❷ 머리가 아파서 약을 먹었어요.

❸ 시간이 없어서 숙제를 못 했어요.

❹ 내일 친구가 한국에 와서 공항에 가야 해요.

😊 친구하고 묻고 대답해 보세요.

A : 왜 피곤해요?

예 B : 어제 늦게 자서 피곤해요.

A : 왜 아침을 안 먹었어요?

예 B : 늦게 일어나서 안/못 먹었어요.

A : 왜 약속 장소에 늦게 왔어요?

예 B : 버스를 잘못 타서 늦게 왔어요.

A : 왜 기분이 좋아요?

예 B : 시험을 잘 봐서 기분이 좋아요.

A : 왜 어제 학교에 안 왔어요?

예 B : 아파서 학교에 안/못 왔어요.

A : 왜 한국어를 배워요?

예 B : 한국 친구하고 이야기하고 싶어서 한국어를 배워요.

문법2 동 형 -지요?
p.151

😊 친구하고 말해 보세요.

❶ 한국 음악을 좋아하지요?

❷ 한국어 공부가 재미있지요?

❸ 서울에 카페가 많지요?

❹ 요즘 바쁘지요?

❺ 어제 7과를 배웠지요?

❻ 어제 숙제가 있었지요?

😊 친구하고 묻고 대답해 보세요.

예

A : 오늘 날씨가 좋지요?

B : 네, 날씨가 좋아요.

A : 주말에 바쁘지요?

B : 네, 아르바이트를 해야 해요.

A : 한국어 공부가 재미있지요?

B : 네, 재미있어요.

A : 한국 음식을 좋아하지요?

B : 네, 좋아해요.

A : 오늘 오후에 도서관에 가지요?

B : 아니요, 오늘은 집에 가요.

A : 어제 일찍 잤지요?

B : 아니요, 늦게 잤어요.

문법3 동-(으)려고 해요   p.152

👥 **친구하고 말해 보세요.**

❶ 친구를 만나려고 해요.
❷ 운전을 배우려고 해요.
❸ 한국 책을 읽으려고 해요.
❹ 새 집을 찾으려고 해요.
❺ 공원에서 걸으려고 해요.
❻ 친구들하고 놀려고 해요.

👥 **친구하고 묻고 대답해 보세요.**

A : 수업 후에 뭐 할 거예요?
예 B : 카페에서 공부하려고 해요.

A : 내일 뭐 할 거예요?
예 B : 집에서 쉬려고 해요.

A : 주말에 뭐 하려고 해요?
예 B : 책을 읽으려고 해요.

A : 다음 학기에도 한국어를 배워요?
예 B : 네, 다음 학기에도 한국어를 배우려고 해요.
     아니요, 고향에 돌아가려고 해요.

A : 언제까지 한국에 있을 거예요?
예 B : 내년 3월까지 있으려고 해요.

A : 내년에 특별한 계획이 있어요?
예 B : 한국에서 일하려고 해요.

읽고 말하기   p.160

가 1. 한스   2. 사라   3. 하루카   4. 가브리엘, 렌핑

나 1. 앤디 씨는 세 달 전에 한국에 왔어요
   2. 한스 씨는 아주 부지런해요. 오전에 한국어를 배우고 오후에 회사에 가요. 사라 씨는 한국 영화를 아주 좋아해요. 한국 영화 배우 이름을 거의 다 알아요. 하루카 씨는 반에서 한국어를 제일 잘해요. 정말 똑똑하고 친절해요.
   3. 왜냐하면 매일 메뉴가 다르고 가격도 싸서 학생 식당에 자주 가요.
   4. 앤디 씨는 점심 식사 후에 운동해요. 가끔 가브리엘 씨, 렌핑 씨하고 축구를 하거나 수잔 씨하고 테니스를 쳐요.
   5. 앤디 씨는 방학 때 한국 친구들하고 부산에 여행 갈 거예요. 부산에서 여기저기 구경하고 맛있는 음식도 먹으려고 해요.

다 배우러, 이야기할, 다르고, 싸서, 구경하고

듣고 말하기   p.163

가 1. X   2. O   3. X   4. O   5. O

나 1. 제니 씨는 다음 주 월요일 한국 시간으로 저녁 6시에 도착해요.
   2. 요즘 한국 날씨가 많이 추워서 제니 씨는 두꺼운 옷을 가지고 와야 해요.
   3. 지훈 씨는 제니 씨한테 영어 책을 부탁했어요. 왜냐하면 지훈 씨가 읽고 싶은 책이 있어요.
   4. 제니 씨는 준비를 거의 다 했어요.
   5. 지훈 씨가 "걱정하지 마세요. 제니 씨는 금방 잘 할 거예요."라고 말했어요.

다 1. 출발하지요?   2. 시간

Unit 1 Han River Park Was Very Big

Speaking

Dialogue 1: Can You Go With Us?

Andy I'm going to go to Han River Park with Mina on Saturday. Can you go with us?

Sarah Sure, that sounds good. I'll go with you.

Andy I'm going to go to Han River Park with Mina on Saturday. Can you go with us?

Bayar I'm sorry. I have other plans on Saturday.

Andy OK. You can go with us another time.

Dialogue 2: I Have to Make Documents

Sarah Hans, why didn't you come to Han River Park yesterday?

Hans I had too much work.

Sarah Really? Are you busy these days?

Hans Yes, I have a project, so I have to make documents.

Dialogue 3: How Was Han River Park?

Wan Where is this?

Tuan This is Han River Park. I rode my bicycle there last week.

Wan Han River Park? How was it?

Tuan The park was very big.

Wan Is that so? I'd like to go sometime, too.

Reading and Speaking

I Really Like Life in Seoul

To: jmlee@amail.com
Subject: Hello, this is Gabriel
Hello Jeongmin,

I'm doing well in Seoul. I really like life in Seoul. I've met a lot of new friends. My Korean friends are very kind. Studying Korean is fun, but it's a little difficult. So I have to review every day.

How is life in Brazil, Jeongmin? Are you still playing football? I don't have any free time, so I can't play football. But I learned taekwondo at school last month. Taekwondo was very fun.

This semester will be over in one month. I have to find a new house during the school vacation. The reason is my current house is a little uncomfortable. The rooms are too small. There's also no kitchen, so I can't cook. Plus, my house is far from school. It takes about an hour on the subway.

When are you going to come to Korea, Jeongmin? I want to talk to you in Korean.

I want to play football with you, too.

Thanks for your email.

Take care of your health.

Your friend,

Gabriel

Listening and Speaking

I Have to Visit a Real Estate Agent Right Now

Bayar Gabriel, can you grab a meal with me today?

Gabriel I'm sorry. I have to visit a real estate agent right now.

Bayar A real estate agent? What for?

Gabriel My current house is a little far from school, so I want to move.

Bayar Where is your house?

Gabriel Jamsil.

Bayar How do you get from school to your house?

Gabriel I take the subway from Sinchon Station to Jamsil Station. Then I have to take a bus from Jamsil Station to my house. So transportation is very inconvenient.

Bayar OK, so where do you want to move?

Gabriel I'm not sure. Where do you live, Bayar?

Bayar I live near the school.

Gabriel Is that so? How is the area near the school?

Bayar It's very nice. There are a lot of restaurants and cafés. There's a supermarket, too.

Gabriel How's the price?

Bayar It's a little expensive. But it's very close to the school, so I get to wake up late in the morning. It's really convenient.

Gabriel Is that so?

Bayar Yes. Try going to the real estate agent near the school. You'll probably be able to find a nice house.

Gabriel Thanks.

Unit 2 Don't You Have Any Light Laptops?

Speaking

Dialogue 1: Don't You Have Any Light Laptops?

Employee	Welcome! What are you looking for?
Lenping	Can you show me some laptops, please?
Employee	Laptops? How about this one?
Lenping	It's a little heavy. Don't you have any light laptops?
Employee	In that case, how about this one?
Lenping	Great. I'll take that one.

Dialogue 2: Isn't It Spicy?

Employee	Welcome. We have some tasty kimchi.
Haruka	Isn't it spicy?
Employee	It's not spicy. How about giving it a try? Here you are.

Haruka	Wow, it's tasty. I'll take one.
Employee	OK, here you are. Enjoy your meal.
Haruka	Thank you.

Dialogue 3: Why Don't You Try Them On?

Wan	Can I try this T-shirt on?
Employee	Yes, go ahead. That's a very nice T-shirt.
Wan	OK. … Isn't it big?
Employee	It's not big. It looks very good on you.
Wan	Hmm. Do you have any other colors?
Employee	Yes, we have a lot of other colors here. Why don't you try them on?

Reading and Speaking

Namdaemun Market Is a Big Market

Namdaemun Market

Namdaemun Market is a big market. There are very many stores there. There are stores for clothing, glasses, accessories, flowers, and fruit. You can buy Korean souvenirs. There are very many restaurants, so you can also eat a lot of tasty Korean foods. Hotteok, kalguksu, and mandu are tasty. They're not spicy. Why don't you give them a try? Myeongdong and Namsan are close by, so you can also go sightseeing there.

Go out Exit 5 of Hoehyeon Station on Subway Line 4.

The prices are cheap, and there are many kinds of things. There are a lot of Korean souvenirs. You should try the kimchi mandu. Namsan is nearby. Go check out Myeongdong.

Hongdae Street

Hongdae Street is a very interesting place. It is famous for busking. You can listen to singing and hear dancing, too. You can buy cheap clothing, and you can also buy pretty accessories. There are karaoke rooms, cafés, restaurants, and gaming centers. Do you want to hang out with your friends? In that case, you should go to Hongdae Street.

Go out Exit 9 of Hongik University Station on Subway Line 2.

You can see busking. There are a lot of cheap clothing stores. Try singing a song in a karaoke room. You can play some fun video games.

Listening and Speaking

I'm Looking for a Clean Room

Employee	Welcome!
Gabriel	Hello. Can you show me a studio apartment please?
Employee	Sure, we have a lot of rooms. What kind of room are you looking for?
Gabriel	I'm looking for a clean room.
Employee	Take a look at this photography. How about this room? It's very clean.
Gabriel	Is the room large?
Employee	Yes, it's large. There's a bed, a desk, a refrigerator, and an air conditioner. There's a washing machine, too.
Gabriel	Where is the location?
Employee	It's right by Sogang University.
Gabriel	How much is the monthly rent?
Employee	It's 650,000 won. You know, there's a big park in front of the building. It's very nice.
Gabriel	There's a park? But that's a little expensive. Don't you have any cheap rooms?
Employee	Then how about this goshiwon (cheap apartment for students)? It's 450,000 won per month.
Gabriel	Is it clean?
Employee	Yes, it's a new goshiwon, so the rooms are very clean. But it's a little small.
Gabriel	Does the room have a bathroom?
Employee	Of course.

Gabriel	Is it close to Sogang University?
Employee	Yes, it takes about 10 minutes by bus.
Gabriel	Then how long does it take on foot?
Employee	About 20 minutes.
Gabriel	20 minutes? Hmm.
Employee	It's not far.
Gabriel	Um, can I see both of them today?
Employee	Of course.

Unit 3 How About Sightseeing in Seoul Together?

Speaking

Dialogue 1: I Want to Go to Insadong and Bukchon

Andy	What are you going to do on Saturday, Susan?
Susan	Hmm. I'm not sure yet.
Andy	In that case, how about sightseeing in Seoul together?
Susan	Sure, that sounds good. I want to go to Insadong and Bukchon.
Andy	Insadong? Great. Let's go there.

Dialogue 2: Why Don't We Go Hiking Together?

Lenping	Sarah, are you busy tomorrow?
Sarah	Why do you ask?
Lenping	Why don't we go hiking together? I'd like to go hiking with you.
Sarah	I'm sorry. I have a part-time job tomorrow.
Lenping	Is that so? In that case, let's go another time.

Dialogue 3: Let's Grab Lunch and Go for a Walk

Hans	Bayar, are you free after class tomorrow?
Bayar	Yes, I am.
Hans	Is that so? In that case, would you like to have lunch together?
Bayar	Sure. Let's grab lunch and go for a walk.
Hans	So should we meet in front of the school at 1 p.m. tomorrow?
Bayar	Yes, see you tomorrow.

Reading and Speaking

He Went to World Cup Park with His Friends

The weather was very nice yesterday, so Andy went to World Cup Park with his friends. World Cup Park wasn't far from school. It took about 20 minutes on the subway. The park was very big. There were many trees, and the flowers were beautiful.

Andy had a tasty lunch with his friends at the park. They ate gimbap and chicken. After that, they strolled through the park and took photographs. Then they all played a game together. Andy won, so he was in a good mood.

Mina said, "Andy, World Cup Park is really great. Why don't we come back another time?"

Andy replied, "Sure, that sounds good. Next time, it should be just the two of us."

How About Going to the Festival Together?

Jihun   Wan, what are you going to do on Friday?

Wan   Hmm. I don't have any special plans yet. What about you?

Jihun   I'm going to the school festival.

Wan   The Sogang University festival? What's that like?

Jihun   It's very fun. There are a variety of events. You can play a number of games and receive presents.

Wan   Is that so?

Jihun   There are also a lot of food trucks. You can eat both Korean food and food from several countries around the world.

Wan   What else do you do?

Jihun   Famous singers will be holding a concert.

Wan   Ah, is that so? Do you have to buy tickets?

Jihun   No, it's free. Anyone can watch the concert.

Wan   What time does the concert start?

Jihun   It starts at 8 p.m. But you have to line up early.

Wan   I'd like to go, too.

Jihun   Then how about we go together? We can play games together, eat some tasty food, and watch the concert.

Wan   Great. So what time should we meet?

Jihun   Um… Can we meet a little early? How about 4 o'clock?

Wan   OK, see you in front of the main school entrance at 4 o'clock.

Unit 4   When Did You Come to Korea?

Dialogue 1: Do You Like Spicy Food?

Minsu   Susan, did you have lunch?

Susan   Yes, I had bibimbap. What about you?

Minsu   I had kimchi jjigae.

Susan   Do you like spicy food, Minsu?

Minsu   Yes, I do.

Susan   Is that so? I like spicy food, too.

Dialogue 2: What Are You Sick With?

Minsu   Susan, you don't look well. Do you feel sick?

Susan   Yes, I have a stomachache.

Minsu   Did you eat spicy food by any chance?

Susan   Yes, I did.

Minsu   Take some medicine and then go home early.

Susan   OK, I will. Thank you.

Dialogue 3: What Country Are You From?

Sarah   Did you order some hot lemon tea? Here it is.

Customer   Thanks. Your Korean is very good. What country are you from?

Sarah   I'm from France.

Customer   When did you come to Korea?

Sarah   I came two months ago.

Grandmother Is Sleeping in Her Room

Today is Sunday. On Sunday morning, my family normally goes to a park near our house. We go for a walk there and do some exercise. But the weather isn't good today. It's raining, and it's very windy. So we're all at home right now.

Grandmother is sleeping in her room. She's not in good health nowadays. Grandfather is reading a book next to Grandmother. I'm talking on the phone with a friend in my room. My close friend went to study in France. I'm going to go see my friend during school vacation.

Mother is in the living room. She's watching a TV drama. Mother really likes dramas. My older sister is in the living room, too. She's doing yoga there.

Father is in the kitchen. He's making a tasty snack there. Father is good at cooking. In a little while, my family will get to have a tasty snack.

Why Didn't You Come to School Last Week?

Teacher	Please come in.
Andy	Hello, teacher.
Teacher	Hello, Andy. Why didn't you come to school last week?
Andy	I was really sick.
Teacher	What were you sick with?
Andy	I had a high fever, and then my throat got very sore, too.
Teacher	Did you see the doctor?
Andy	Yes, I saw a doctor of internal medicine near my house.
Teacher	Are you OK now?
Andy	No, my throat is still a little sore.
Teacher	Is that so? Drink a lot of warm water. Also, get plenty of rest.
Andy	Yes, I will.
Teacher	Andy, by the way, there's going to be a test next week.
Andy	A test? What am I supposed to do? I haven't studied.
Teacher	Don't worry. We'll review tomorrow. Andy, be sure to come to school tomorrow.
Andy	When will the test be next week?
Teacher	On Monday.
Andy	OK, got it. Goodbye, teacher.
Teacher	Goodbye, Andy. Get well soon.

Unit 5 Do You Know How to Ski?

Dialogue 1: I Play Sports or Listen to Music

Haruka	What do you do in your free time?
Andy	I play sports or listen to music.
Haruka	What kind of sports do you like?
Andy	I like taekwondo.
Haruka	Well, what kind of music do you like?
Andy	I like hip-hop.

Dialogue 2: It's Difficult But Fun

Lenping	Susan, are you busy this afternoon?
Susan	Why do you ask?
Lenping	How about playing table tennis together in the gym?
Susan	I'm sorry. I have a tennis lesson today.
Lenping	Are you learning tennis? How is it?
Susan	It's difficult but fun.

Dialogue 3: Do You Know How to Play Tennis?

Hans	Susan, how are you doing these days?
Susan	I'm doing fine. I've been going to tennis lessons.
Hans	Is that so?
Susan	Do you know how to play tennis, Hans?
Hans	Yes, I know how to play.
Susan	Then we should play tennis together sometime.
Hans	Sure, that sounds good.

I'm Very Good at English

Personal Statement

Kim Jihun

My name is Kim Jihun. I want to work at SG Broadcasting. I majored in journalism and broadcasting, so I did an internship at a broadcasting company during the school vacation.

I have been very interested in the cultures of other countries since I was in high school. For that reason, I studied English in the United States for a year in my freshman year of university. I'm able to understand the news in English. I also attended a Chinese language institute for a year, so I can speak Chinese, too.

I'm also good at using several computer programs. I'm particularly good at editing.

I want to make good shows for SG Broadcasting. I hope you will consider my application.

Email: jhkim0815@amail.com

Kim, Jihun

Listening and Speaking

I'm Learning Tennis These Days

Tuan	Hello, Susan. Where are you going right now?
Susan	I'm going to the tennis court. I'm learning tennis these days.
Tuan	Ah, is that so? When did you start tennis?
Susan	I started last month.
Tuan	Where are you learning?
Susan	At a tennis court near my company.
Tuan	How is that tennis court?
Susan	It's really nice, and the teacher is kind, too.
Tuan	How many times do you go a week?
Susan	Twice a week.
Tuan	When do you usually go to the tennis court?
Susan	I go early in the morning or after work. Why do you ask?
Tuan	I don't know how to play tennis, so I'd like to learn a little, too.
Susan	Is that so? Then let's go together next time.
Tuan	Sure. Can you introduce me to your teacher when we go?
Susan	Of course. How about tomorrow, Tuan?
Tuan	That sounds good.
Susan	In that case, let's go to the tennis court together tomorrow.
Tuan	What time should we meet?
Susan	Um, let's meet at Exit 2 of Sinchon Station at 6 p.m. tomorrow.
Tuan	OK. Well, see you tomorrow!

Unit 6 · It's a Longer Umbrella Than This One

Speaking

Dialogue 1: He's Doing Homework Right Now

Bayar	Hello, Andy. Where are you right now?
Andy	I'm at the study café. Why do you ask?
Bayar	Is Wan there by any chance?
Andy	Yes, she's doing homework right now.

Dialogue 2: I Couldn't Meet My Friend

Wan	Hans, did you meet your friend yesterday?
Hans	No, I couldn't.
Wan	Why not?
Hans	My friend was busy, so I couldn't meet him.

Dialogue 3: It's a Red Umbrella

Gabriel	Hello. I don't suppose you've seen an umbrella, have you?
Employee	Just a moment. What color umbrella is it?
Gabriel	It's a red umbrella.
Employee	Is it this umbrella by any chance?
Gabriel	No, it's a longer umbrella than this one.

Reading and Speaking

The Tortoise and the Hare

Once upon a time, there lived a tortoise and a hare. One day, the hare was going to meet a friend. At that moment, the tortoise was slowly walking in front of the hare.

The hare saw the tortoise and said, "Hello, Tortoise. Where are you going?" The tortoise replied, "I'm going to my grandmother's house to see my grandmother." The hare said, "Tortoise, you're very slow. Can you make it to your grandmother's house today?" Then he laughed loudly. That put the tortoise in a bad mood.

The tortoise said to the hare, "Why don't we race to that hill over there, Hare? I can win." The hare replied, "Ha ha ha, you can beat me? Fine. We'll do a race. You can't beat me."

The tortoise and the hare started the race. The hare was much faster than the tortoise. He ran quickly. But the tortoise was slow. He walked slowly.

The hare looked behind him. The tortoise was down below, coming along very slowly. The hare thought, "Ah, this is no fun. Tortoise is really slow. I'm going to take a nap here for a moment." Then the hare took a nap under a tree. But the tortoise didn't rest. He walked diligently. A little later, the hare woke up and then looked behind him. The tortoise wasn't there. Just then, the tortoise called to the hare in a loud voice. "Yoo-hoo, Tortoise!" The hare looked at the top of the hill. The tortoise was there at the top.

The tortoise reached the hill faster than the tortoise. The tortoise won. He was in a great mood.

Listening and Speaking

I'm Looking for My Wallet

Jihun	Wan, why aren't you here? Everyone is waiting for you.
Wan	Hey, I'm sorry. I lost my wallet, so I'm looking for it.
Jihun	Your wallet? Where are you right now?
Wan	Sinchon Station.
Jihun	Well, there's an office inside the subway station. Try asking the employees there.
Wan	OK, thanks.

Wan	Excuse me. I'm sorry to bother you, but I've lost my wallet.
Employee	What kind of wallet is it?
Wan	It's a small wallet.
Employee	What color is it?
Wan	It's black. There's a student ID and a bank card and money inside.
Employee	Just a moment please. Is this it by any chance?
Wan	No, it's smaller than this one.
Employee	In that case, it's not here.
Wan	Ah, OK. Thank you.
Employee	Excuse me, ma'am. Why don't you make a call to lost and found?
Wan	Lost and found? What's their phone number?
Employee	02-6110-1122. They should answer the phone until 6 p.m. There's a lost and found at City Hall Station.
Wan	Thank you.

Unit 7 — Can You Recommend a Good Restaurant?

Speaking

Dialogue 1: Can You Seat Me Somewhere Else?

Andy	Excuse me, can I have one sundubu jjigae please?
Employee	Yes.
Andy	Um, I'm sorry to bother you, but can you seat me somewhere else? It's too cold here.
Employee	Sure, I'll do that.
Andy	Thank you.

Dialogue 2: I'll Recommend Some in a Little While

Andy	Um, Mina...
Mina	Yes, Andy. What is it?
Andy	My friend is coming to Korea next week. Can you recommend some great dining spots?
Mina	Sure, I can. But right now I'm a little busy. I'll recommend some in a little while.
Andy	Thanks.

Dialogue 3: Have You Tried Bibimbap?

Gabriel	Bayar, have you tried bibimbap?
Bayar	Yes, I have. What about you?
Gabriel	I haven't tried it yet. Can you introduce me to a tasty restaurant?
Bayar	Sure, I'll tell you about one.
Gabriel	Thanks.

Reading and Speaking

She Made Bulgogi

Last weekend, Wan went over to Mina's house with her classmates. Mina's mother made Korean food for them. Wan and her classmates enjoyed the food. The bulgogi was particularly tasty. So Wan asked Mina's mother for a favor.

"Bulgogi is really delicious. How do you make it? Can you teach me?"

"Is that so? You can come over any time. I'll teach you." A few days later, Wan went to Mina's house to learn bulgogi.

Wan made bulgogi together with Mina's mother. First, they mixed sugar, sesame oil, and garlic with soy sauce. Then they placed the beef into the soy sauce and waited for about 30 minutes. After that, they stir-fried the beef with the carrots, onions, and green onions. Wan's bulgogi was a little salty, but Mina's mother's bulgogi was sweet and very tasty.

Wan can make good bulgogi now. That made her very glad.

Mina's mother said, "Do you know how to make Thai food? Can you teach me, too?"

"Of course! I'll teach you Thai food next time."

Listening and Speaking

Let Me Grill It For You

Bayar	Excuse me. Please wipe the table down.
Employee	OK, I will. Here is the menu. Would you like to order something?
Bayar	Please wait just a moment.

Bayar	Gabriel, have you tried samgyeopsal by any chance?
Gabriel	No, I haven't. Is it tasty?
Bayar	Yes, it's very taste. You should give it a try.
Gabriel	Great. How about ordering quickly? I'm so hungry.

Bayar	Excuse me, we would like two servings of samgyeopsal.
Employee	Here are two servings of samgyeopsal. Let me grill it for you.
Bayar	Wow! Thanks.
Gabriel	Wow! Thanks.

Gabriel	Excuse me! I would like some more side dishes please.
Employee	The side dishes are self-serve. The self-service corner is over there.
Gabriel	I'll go get some.

Employee	What would you like for your entrée?
Bayar	What are my options?
Employee	We have naengmyeon and doenjang jjigae.
Gabriel	Um, isn't the doenjang jjigae spicy?
Employee	It's not spicy. It tastes good. Why don't you give it a try?
Gabriel	In that case, I'll take the doenjang jjigae.
Bayar	I'll have the mul-naengmyeon.

Employee	Here are your entrees. Enjoy your meal.
Bayar	Excuse me, I would like some scissors please.
Employee	Let me cut it for you.
Bayar	Thanks.

Unit 8 | I Liked Speaking Class Because It Was Fun

Speaking

Dialogue 1: You Did Your Homework, Didn't You?

Hans   Haruka, you did your homework, didn't you?

Haruka   No, I couldn't do it.

Hans   Why not?

Haruka   I didn't have enough time to do it.

Hans   Is that so? I couldn't finish mine, either. How about doing it together today?

Haruka   Sure. Let's do it together.

Dialogue 2: I Had to Get Up Early, Which Was Hard

Sarah   Lenping, how was this semester?

Lenping   It was really good.

Sarah   What was the best part about it?

Lenping   I liked speaking class because it was fun.

Sarah   Me, too. But I had to get up early, which was a little hard.

Dialogue 3: I'm Planning to Take a Trip to Busan

Andy   This semester is already all over.

Bayar   Yeah, time really flies.

Andy   What are you going to do during the school vacation?

Bayar   I'm going to visit my hometown. What about you?

Andy   I'm planning to take a trip to Busan.

Bayar   Ah, is that so? Well, enjoy your school vacation, Andy.

Reading and Speaking

Now I Can Speak in Korean

Hello! Today I'm going to talk about school life. I started studying Korean in the United States last year, but it was so difficult I didn't do very well. So three months ago, I came to Korea to study Korean. At first, I spoke to my friends in English. But now I can speak in Korean.

Look here. There's a red building, right? This is where I learn Korean. There are classrooms, an office, a break room, and a study café in this building. My classroom is on the eighth floor. Here is the classroom. I study here from 9 o'clock to 1 o'clock.

These are my classmates. This is Hans. He's very hardworking. He studies Korean in the morning and goes to the office in the afternoon. He goes hiking or swimming on his days off. This is Sarah. Sarah really likes Korean movies. She knows nearly all the names of Korean movie actors. Haruka is the best at Korean in our class. She's really smart and kind.

After class, I go to the student cafeteria. The menu items are different everyday and the prices are cheap, so I often go here. After lunch, I exercise. Sometimes I play soccer with Gabriel or Lenping or play tennis with Susan.

Before a test, I go to the study café with my classmates. This is where we study together.

This semester ends next week. I'm going to take a trip to Busan with my Korean friends during the school vacation. I'm planning to look around Busan and also try delicious food. Life in Korea is busy, but it's really fun. Next time, I'll talk to you about my trip to Busan.

Listening and Speaking

See You at the Airport on Monday

Jenny   Hello?

Jihun   Jenny, this is Jihun.

Jenny   How are you? Jihun, I've been waiting for your call.

Jihun   Jenny, you're departing next week, aren't you?

Jenny   Yes, I'm departing at 9 a.m. next Monday.

Jihun   Do you mean 9 a.m. Korea time?

Jenny   No, I depart at 9 a.m. Sydney time. Then I'll arrive at 6 p.m. Korea time.

Jihun   Is that so? In that case, Jenny, I'll see you at the airport on Monday. I'll be there.

Jenny   Really? Thanks. Oh by the way, Jihun, how's the weather in Korea these days? Is it cold?

Jihun   Yes, it's really cold nowadays. So be sure to bring some thick clothing.

Jenny   OK, I'll do that. Do you not need anything, Jihun?

Jihun   Hmm. Ah, could you pick up an English book for me?

Jenny   An English book?

Jihun   Yes, there's an English book I'd like to read. I'll send you the title of the book in a text a little later.

Jenny   OK, that's fine. And there's nothing else you need?

Jihun   No, there's not. By the way, are you done

getting ready?

Jenny   I'm almost done. The thing is, I'm worried about not being very good at Korean.

Jihun   Don't worry about it. You'll be good at it before long.

Jenny   Thanks, Jihun.

Jihun   Well, see you at the airport, Jenny.

Jenny   All right, Jihun. See you then.

대화 1

인터뷰를 준비하다

공원에 자전거를 타러 가다

태국 음식을 먹으러 가다

부산에 여행 가다

A : 친구에게 내가 하고 싶은 활동을 같이 할 수 있는지 물어보세요.
B : 같이 할 수 있으면 "네, 같이 …." 라고 말하세요.
　　같이 할 수 없으면 이유를 말하세요.

 이번 토요일에 같이 …?

 …

 대화 2

A : 친구가 어제 수업에 안 왔어요. 왜 안 왔는지 물어보세요.
B : 친구의 질문을 듣고 자유롭게 이유를 말하세요.

 어제 왜 수업에 안 왔어요?

 …

 대화 3

할 수 있는 것　　음식

경치　　날씨

A : 관광지에서 찍은 사진을 친구한테 보여 주세요. 그리고 친구의 질문에
　　대답하세요.
B : 친구의 사진을 보고 궁금한 점을 질문하세요.

여기가 어디예요?

부산이에요.

여기에서 뭐 할 수 있어요?

…

어땠어요?

대화 1

A : 전자 제품 가게의 직원이 되어 손님에게 제품을 보여 주세요.

B : 손님이 되어 사고 싶은 전자 제품을 보여 달라고 하세요.

 노트북

 핸드폰

 선풍기

 드라이기

 텔레비전

 전자레인지

 청소기

 전기밥솥

 대화 2

A : 마트의 시식 코너 직원이 되어 음식을 권하세요.

B : 손님이 되어 음식의 맛을 물어보세요.

 김치

 김

 귤

 과자

 사과

 만두

 라면

 불고기

대화 3

A : 손님이 되어 마음에 드는 옷을 입어 볼 수 있는지 물어보세요.

B : 옷 가게의 직원이 되어 손님한테 입어 보라고 권하세요.

직원	손님
- 봉투 필요하세요?	- 네, 주세요.
- 현금으로 하실 거예요? 카드로 하실 거예요?	- 카드로 계산할게요.
- 사인해 주세요.	
- 영수증 드릴까요?	- 아니요, 괜찮아요.
- 예쁘게 입으세요.	

대화 1

A : 친구에게 같이 하고 싶은 행동을 제안하세요.
B : 친구의 제안을 받아들이세요. 그리고 자유롭게 이야기하세요.

토요일에 같이 …?

네, 좋아요.

몇 시에 …?

어디에서 …?

 대화 2

A : 친구에게 같이 하고 싶은 행동을 제안하세요.
B : 친구의 제안을 거절하세요. 그리고 그 이유를 만드세요.

등산하다
미술관에 가다
저녁을 먹다
콘서트에 가다

이유
약속이 있어요.

 대화 3

A : 친구에게 같이 하고 싶은 행동을 제안하세요.
B : 친구가 제안하면 자신이 하고 싶은 활동도 같이 하자고 제안하세요.

몇 시에 …?

어디에서 …?

누구하고 같이 …?

…고 …해요.

오늘 수업 후에 같이 …?

그다음에 뭐 …?

대화 2

상황 반 친구들이 모두 다른 카드를 가지고 있어요. 정보 카드를 접어서 사용하세요. 친구에게 이유가 쓰여 있는 면을 보여 주세요.

A : 친구에게 어디가 아픈지 물어보세요.
B : 자기가 가지고 있는 카드를 보고 아픈 곳을 말하세요.
A : 카드를 보고 친구가 아픈 이유를 물어보세요.

스트레스를 받았어요
배

운동을 심하게 했어요
목

게임을 많이 했어요
눈

시험공부를 많이 했어요
머리

어디 아프세요?

혹시 음식을 많이 드셨어요?

네, 배가 아파요.

스트레스를 받았어요

배

대화 1 + 대화 3

A : 친구에게 궁금한 것을 존댓말로 물어보세요.
B : 친구의 질문을 듣고 대답하세요.

한국에 언제 오셨어요?

주말에 보통 뭐 하세요?

왜 한국어를 공부하세요?

무슨 음식을 좋아하세요?

한국에서 여행 많이 하셨어요?

대화 1

A : 친구에게 시간이 있을 때 뭐 하는지 물어보세요.
　 그리고 그것에 대해 자세하게 물어보세요.
B : 친구의 질문을 듣고 대답하세요.

> 시간이 있을 때 뭐 하세요?
> 언제 …?
> 어디에서 …?
> 누구하고 같이 …?
> 어떤 …?

 대화 2

상황 반 친구들이 모두 다른 그림 카드를 가지고 있어요.

A : 친구에게 요즘 하고 있는 일에 대해서 어떻게 생각하는지 물어보세요.
B : 친구의 질문을 듣고 그 활동의 좋은 점과 안 좋은 점에 대해 이야기하세요.

> 어떠세요?
> 저는 요즘 테니스를 배워요.
> 재미있지만 …

 대화 3

상황 반 친구들이 모두 다른 그림 카드를 가지고 있어요.

A : 친구가 가지고 있는 카드에 대해 질문하세요.
B : 친구의 질문을 듣고 대답하세요.

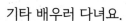

> 요즘 어떻게 지내세요?
> 기타 배우러 다녀요.

대화 1

상황 반 친구들이 모두 다른 동사 그림 카드를 가지고 있어요.

A : 친구에게 전화해서 ⓒ하고 같이 있는지 물어보세요. 그리고 ⓒ가 무엇을 하고 있는지도 물어보세요.

B : ④의 전화를 받고 ⓒ가 무엇을 하고 있는지 보고 알려 주세요.

혹시 ○○ 씨가 거기 있어요?

네, 지금 책 읽고 있어요.

 대화 2

A : 친구의 질문을 듣고 못 했다고 하세요.

B : 친구의 답을 듣고 왜 못 했는지 물어보세요.

A : 이유를 만들어서 말해 보세요.

친구를 만나다
영화를 보다
테니스장에 가다
가브리엘 씨하고 축구하다
집에서 쉬다

이유

일이 늦게 끝났어요.

 대화 3

상황 사물 그림 카드를 받으세요.

A : 친구한테 잃어버린 물건에 대해서 말하세요.

B : 어떤 물건인지 친구에게 질문하세요.

텀블러

헤드폰

혹시 제 지갑 봤어요?

무슨 색 지갑이에요?

혹시 이거예요?

대화 1

A : 손님이 되어 요청해 보세요.
B : 직원이 되어 손님의 요청을 들어 주세요.

손님	직원
- 핸드폰(을) 충전하다	
- 따로 계산하다	
- 영수증(을) 버리다	
- "잘 먹었습니다."	- "맛있게 드셨어요?"
- "다음에 또 올게요."	- "다음에 또 오세요."

 대화 2

A : 친구가 한국에 와요. 좋은 곳을 추천해 달라고 하세요.
B : 친구의 부탁을 듣고 도와 주세요.

서울에서 어디가 좋아요?
좋은 곳 좀 추천해 주세요.

인사동에 가 봤어요?

아니요, 못 가 봤어요.
거기에서 뭐 할 수 있어요?

거기에서 …

 대화 3

A : 서울에서 맛있는 식당을 소개해 주세요.
B : 맛있는 식당을 추천해 주세요.

서울에서 맛있는 식당을 소개해 주세요.

어디에 있어요?

뭐가 맛있어요?

서강

대화 1

A : 친구에게 다음의 행동을 했는지 확인해 보세요.

B : 친구의 질문을 듣고, 못 한 이유를 말하세요.

> 아침(을) 먹었다
>
> 내일 학교에 오다
>
> 방학 때 고향에 갔다 오다
>
> TOPIK 공부하고 있다

이유
시간이 없었어요.

 대화 2 + 대화 3

A : 친구에게 이번 학기가 어땠는지 물어보세요. 방학 계획도 물어보세요.

B : 친구의 질문을 듣고 자유롭게 대답하세요.

> 이번 학기가 어땠어요?

> 뭐가 좋았어요?

> 뭐가 힘들었어요?

> 방학 때 뭐 할 거예요?

> 방학 잘 보내세요.

> 다음 학기에 만나요.

트랙 목차 Track List

시리즈 기획 Series Editor

김성희 Kim Song-hee

집필진 Authors

<서강한국어 초판 Sogang Korean 1B (2000)>

최정순 Choe Jeong-soon

전 배재대학교 국어국문 · 한국어교육학과 교수
Former Professor, Department of Korean Language,
Literature and Education, Paichai University

서강대학교 국어국문학과 박사
Ph.D. in Korean Linguistics, Sogang University

김지은 Kim Ji-eun

서강대학교 한국어교육원 대우전임강사
Instructor, KLEC, Sogang University

서강대학교 영어영문학과 박사
Ph.D. in English Linguistics, Sogang University

김성희 Kim Song-hee

전 서강대학교 한국어교육원 교학부장
Former Program Director, KLEC, Sogang University

서강대학교 불어불문학과 박사 수료
Ph.D. Candidate in French Linguistics, Sogang University

김현정 Kim Hyun-jung

전 서강대학교 한국어교육원 교학부장
Former Program Director, KLEC, Sogang University

이화여자대학교 불어불문학과 박사
Ph.D. in French Literature, Ewha Womans University

<서강한국어 2판 Sogang Korean New Series 1B (2008)>

김현정 Kim Hyun-jung

전 서강대학교 한국어교육원 교학부장
Former Program Director, KLEC, Sogang University

이화여자대학교 불어불문학과 박사
Ph.D. in French Literature, Ewha Womans University

김보경 Kim Bo-kyung

전 서강대학교 한국어교육원 대우전임강사
Former Instructor, KLEC, Sogang University

상명대학교 한국학과 박사
Ph.D. in Korean Studies, Sangmyung University

김정아 Kim Jeong-a

서강대학교 한국어교육원 대우전임강사
Instructor, KLEC, Sogang University

중앙대학교 노어학과 석사
M.A. in Russian Linguistics, Chung-Ang University

<서강한국어 3판 Sogang Korean 1B Third Edition (2024)>

이석란 Lee Seok-ran

서강대학교 한국어교육원 교수
Professor, KLEC, Sogang University

이화여자대학교 한국학과 한국어교육전공 박사 수료
Ph.D. Candidate in Teaching Korean as a Foreign Language, Ewha
Womans University

구은미 Koo Eun-mi

서강대학교 한국어교육원 대우전임강사
Instructor, KLEC, Sogang University

오사카외국어대학 국제언어사회전공 일본어교육 석사
M.A. in Japanese Language Education, Osaka University of Foreign Studies

홍고은 Hong Ko-eun

서강대학교 한국어교육원 대우전임강사
Instructor, KLEC, Sogang University

서울대학교 국어교육과 한국어교육전공 박사 수료
Ph.D. Candidate in Korean Language Education, Seoul National University

최연재 Choe Yeon-jae

서강대학교 한국어교육원 대우전임강사
Instructor, KLEC, Sogang University

한국외국어대학교 국어국문학과 한국어교육전공 박사 수료
Ph.D. Candidate in Teaching Korean as a Foreign Language, Hankuk
University of Foreign Studies

윤자경 Yun Ja-kyung

서강대학교 한국어교육원 대우전임강사
Instructor, KLEC, Sogang University

서울대학교 국어교육과 한국어교육전공 석사
M.A. in Korean Language Education, Seoul National University

이진주 Lee Jin-ju

서강대학교 한국어교육원 대우전임강사
Instructor, KLEC, Sogang University

서울대학교 국어교육과 한국어교육전공 석사
M.A. in Korean Language Education, Seoul National University

외부 자문 Outside Counsel

남애리 Nam Ae-ree

네덜란드 레이던대학교 한국학과 교수
Lecturer, Korean Studies, Leiden University
위스콘신대학교 제2언어습득 박사
Ph.D. in Second Language Acquisition, University of Wisconsin, Madison

백승주 Baek Seung-joo

전남대학교 국어국문학과 교수
Professor, Korean Language and Literature, Chonnam National University
연세대학교 국어국문학과 박사
Ph.D. in Korean Language and Literature, Yonsei University

내부 감수 Internal Editor

김정아 Kim Jeong-a

서강대학교 한국어교육원 대우전임강사
Instructor, KLEC, Sogang University
중앙대학교 노어학과 석사
M.A. in Russian Linguistics, Chung-Ang University

엄혜진 Eom Hye-jin

서강대학교 한국어교육원 대우전임강사
Instructor, KLEC, Sogang University
한양대학교 교육공학 석사
M.A. in Educational Technology, Hanyang University

영문 번역 English Translation

카루쓰 데이빗 David Carruth

전문번역가
Korean-English Translator
존브라운대학교 영어영문학과 학사
B.A. in English Literature, John Brown University

영문 감수 English Proofreading

강사희 Kang Sa-hie

미국 미들베리칼리지 한국어교육원 원장 겸 교수
Professor of Korean and Director, School of Korean, Middlebury College
플로리다대학교 언어학 박사
Ph.D. in General Linguistics, University of Florida

교정·교열 Copyediting and Proofreading

최선영 Choi Sun-young

서강대학교 한국어교육원 대우전임강사
Instructor, KLEC, Sogang University
이화여자대학교 한국학과 한국어교육전공 석사
M.A. in Korean Language Education, Ewha Womans University

제작진 Staff

디자인·제작 도서출판 하우
Book Design

일러스트 장명진, 이새, 강정연, 이성우
Illustration

출판에 도움을 주신 분 Special Thanks

소중한 도움을 주신 서강대학교 한국어교육원의 선생님들, 학생들 그리고 행정직원 선생님들께 감사의 마음을 전합니다. 그리고 교재 집필 중에 지원과 격려를 아끼지 않은 가족분들과 친구들에게 감사드립니다.
We would like to thank the following people for their valuable assistance: the teachers, students and administrative staff at the Sogang University Korean Education Language Center. We would also like to thank our family and friends for their support and encouragement during the writing of the textbook.